fartura
EXPEDIÇÃO BRASIL GASTRONÔMICO

(Encerramento da Expedição Brasil Gastronômico)

PB • AC • RO • MS • SC
A CADEIA PRODUTIVA GASTRONÔMICA
Rusty Marcellini e Rodrigo Ferraz

VOLUME 5

Dados Internacionais de Catalogação na Publicação (CIP)
(Câmara Brasileira do Livro, SP, Brasil)

Marcellini, Rusty
  Fartura expedição Brasil gastronômico: PB, AC, RO, MS, SC a cadeia produtiva gastronômica – volume 5 / Rusty Marcellini, Rodrigo Ferraz. – São Paulo: Editora Melhoramentos, 2018.

  ISBN 978-85-06-08310-9

  1. Culinária – Brasil 2. Culinária (Receitas) 3. Cultura – Brasil 4. Gastronomia – Brasil I. Ferraz, Rodrigo. II. Título.

  18-16148   CDD-641.0130981

Índices para catálogo sistemático:
1. Brasil: Gastronomia 641.0130981
2. Gastronomia – Brasil 641.0130981

Iolanda Rodrigues Biode – Bibliotecária – CRB-8/10014

TEXTOS E FOTOGRAFIAS: Rusty Marcellini
PESQUISA: Rusty Marcellini e Adriana Benevenuto
EDITOR: André Boccato
REVISÃO DE TEXTO: Bontexto - Cláudia Rezende
PROJETO GRÁFICO E DIREÇÃO DE ARTE: Dushka Tanaka (estudio vintenove)

Equipe Expedição Fartura Gastronomia 2016:
IDEALIZADOR: Rodrigo Ferraz
PRODUTOR EXECUTIVO: Alexandre Minardi
COORDENAÇÃO: Rusty Marcellini
PRODUTORA: Adriana Benevenuto
FOTÓGRAFOS: Rusty Marcellini e Adriana Benevenuto

FOTO DE CAPA: banca de cajus na Feira de Campina Grande

© 2018, Editora Melhoramentos Ltda.
Todos os direitos reservados.

1ª edição, setembro de 2018
ISBN: 978-85-06-08310-9

Atendimento ao consumidor:
Caixa Postal 729 – CEP 01031-970
São Paulo – SP – Brasil
Tel.: (11) 3874-0880
sac@melhoramentos.com.br
www.editoramelhoramentos.com.br

Impresso na Índia

Embarcações no
Rio Juruá
Cruzeiro do Sul, AC

SUMÁRIO

Apresentação 12
Uma viagem pela gastronomia brasileira 16
A equipe da expedição 18
Agradecimentos especiais 20
Saiba mais 22

Paraíba 30
Introdução 32
Bode no buraco 38
Miúdos 42
Receita de Buchada de bode 46
Feira Central de Campina Grande 48
Mangai 54
Receita de Cartola 56
Cachaça Triunfo 58
Carne de sol de Picuí 62
Galinha de capoeira 66
Fazenda Tamanduá 70
Receita de Pescada-amarela com arroz vermelho
e *mascarpone* de cabra 74
Fazenda Carnaúba 76
Serviço 82

Acre 84
Introdução 86
Baixaria 92
Quibe de arroz 94
Castanha-do-brasil 96
Farinha de Cruzeiro do Sul 100
Receita de Farofa de castanhas com banana 104
Carne de tartaruga 106
Receita de Picadinho, guisado e farofa de tartaruga 110
Serviço 112

Produção de doce de leite no Recanto Ecológico Rio do Prata Jardim, MS

Mercado Municipal Antônio Valente
Campo Grande, MS

SUMÁRIO

Rondônia 114
Introdução 116
Bolo moca 122
Pirarucu 124
Receita de Pirarucu ao molho de tucupi com crocante de castanhas e jambu 130
Carne de rã 132
Serviço 136

Mato Grosso do Sul 138
Introdução 140
Sobá na Feira Central 146
Comida de comitiva 150
Receita de Puchero Pantaneiro 154
Tererê 156
Sopa paraguaia 160
Chipa 162
Paçoca de carne 166
Derivados de bocaiuva 168
Carne de jacaré 174
Doce de leite do Rio do Prata 180
Linguiça maracaju 184
Carne de piranha 190
Serviço 194

SUMÁRIO

Santa Catarina 196

Introdução 198

Café regional 204

Marreco recheado 210

Cuca 212

Box 32 214

Bottarga 216

Receita de Filé de tainha com legumes, redução
de vinagre de cana e pó de *bottarga* 220

Cervejas especiais 222

Kochkäse 226

Linguiça blumenau 230

Receita de Risoto de linguiça blumenau com
banana-da-terra e castanha-do-pará 232

Maçãs e derivados 234

Receita de Torta de maçã 240

Villa Francioni 242

Queijo com sotaque 248

Polvo 252

Receita de Polvo grelhado com purê de baroa 256

Ostras 258

Receita de Ostras flambadas no conhaque
com mel e gengibre 264

Serviço 266

Agradecimento 269

Sopa paraguaia

Região do Cariri Paraibano
Cabaceiras, PB

APRESENTAÇÃO

Em 2011, o empresário Rodrigo Ferraz teve a ideia de formar uma equipe de *experts* da gastronomia para viajar pelo território brasileiro e desbravar os sabores de todo o país. O projeto se transformou na *Expedição Fartura Gastronomia*, que deu origem ao *Fartura Gastronomia* e apresenta a diversidade e riquezas da culinária brasileira, guiado pelo desejo de conhecer, difundir e desenvolver toda a cadeia gastronômica nacional, reunindo e integrando produtos, produtores, chefs, indústria, mercados e apreciadores da boa mesa. Com curadoria do pesquisador Rusty Marcellini, a Expedição já percorreu mais de 70 mil quilômetros, cobrindo todos os estados e o distrito federal. Todo o conteúdo coletado nas viagens serve como base para a realização de eventos – como os Festivais Fartura em BH, Fortaleza, Porto Alegre e São Paulo, assim como o Festival de Gastronomia de Tiradentes – e é divulgado por meio de livros, documentários, aplicativo, rádio e redes sociais.

Pela inovação e empreendedorismo do projeto, o Fartura é considerado a principal plataforma gastronômica em desenvolvimento no país. A iniciativa rendeu o *second runner-up* na categoria Inovação de Turismo do *United Nation World Tourism Organization*, braço da Organização das Nações Unidas (ONU) para tratar de projetos de turismo no mundo, superando 109 projetos inscritos, de 50 países.

Neste livro, o quinto da série de viagens pelo país, revelamos o que a Expedição Fartura Gastronomia encontrou ao longo de mais de um mês e milhares de quilômetros rodados no Acre, Rondônia, Paraíba, Mato Grosso do Sul e Santa Catarina. O volume encerra o primeiro ciclo da Expedição, após completar todos os estados brasileiros. Em breve, a equipe recomeçará a descobrir novas histórias e ingredientes da culinária do Brasil.

Restaurante em Santo Antônio, em Lisboa
Florianópolis, SC

Barracas de pirarucu seco na BR-364, em Rondônia

UMA VIAGEM PELA GASTRONOMIA BRASILEIRA

O quinto volume da série *Expedição Fartura Gastronomia*, uma iniciativa do projeto *Fartura*, aborda os estados de Acre, Rondônia, Paraíba, Mato Grosso do Sul e Santa Catarina. Os volumes anteriores revelaram a riqueza da gastronomia brasileira por meio de diferentes elos da cadeia produtiva como, por exemplo, em biomas e terroirs e em feiras e mercados.

Nesta obra, cada capítulo correspondente a um estado brasileiro e está dividido em duas partes: Histórias e Tradições – que valoriza os hábitos enraizados por práticas históricas regionais; e Produtos e Produtores – que destaca o trabalho dos profissionais no manuseio de um produto antes deste chegar ao mercado.

Ao longo do livro, também são apresentadas inúmeras receitas de chefs e cozinheiros que, juntos, traçam um retrato do que há de mais saboroso no território nacional. Acreditamos que dessa maneira, o leitor poderá compreender mais facilmente a pluralidade da gastronomia brasileira.

Filhote de pirarucu
Cacaulândia, RO

A EQUIPE DA EXPEDIÇÃO

Ao longo de três meses, a equipe da *Expedição Fartura Gastronomia* – constituída por mim, Rusty Marcellini (diretor e fotógrafo), Adriana Benevenuto (produtora) e Leandro Miranda (cinegrafista) – teve o privilégio de viajar pelo Brasil em busca de pessoas apaixonadas pelo próprio ofício. Conhecemos pescadores, agricultores, açougueiros, quitandeiras, feirantes, cozinheiros. Também provamos iguarias cujos sabores ficarão marcados para sempre nas nossas memórias como a comida sertaneja do Restaurante Mangai, em João Pessoa, os queijos da Fazenda Taperoá, o picadinho de tartaruga em Xapuri, o doce de leite da Estância Rio do Prata, o *puchero* do chef Paulo Machado, o sobá da barraca da Níria na feira central, em Campo Grande, a linguiça maracaju na Fazenda Água Tirada, o pastel de camarão do Box 42, no Mercado Público de Florianópolis, as ostras do Ostradamus, o polvo do Rosso, o vinho rosé da Villa Francioni e outros.

Com o término da viagem, concluímos que é preciso que o brasileiro descubra a riqueza e a diversidade da culinária do próprio país. Mais importante que provar comidas deliciosas é valorizar o trabalho do nosso povo. Pois, acredito, será somente pelo conhecimento que iremos constituir a identidade da gastronomia brasileira.

Rusty Marcellini
Coordenador da *Expedição Fartura Gastronomia*

Equipe do Fartura Gastronomia: Rusty Marcellini, Leandro Miranda e Adriana Benevenuto
The Basement English Pub, Blumenau, SC

AGRADECIMENTOS ESPECIAIS

A equipe da *Expedição Fartura Gastronomia* agradece aos chefs João Barreto (Casa de Cumpade – Campina Grande, PB), Deoclesiano Brito (consultor em Rio Branco, AC), Paulo Machado (Instituto Paulo Machado – Campo Grande, MS) e Onildo Rocha (Cozinha Roccia – João Pessoa, PB) por terem sido tão bons anfitriões nos estados que representam. Foi um prazer compartilhar algumas refeições com pessoas de tão vasto conhecimento.

Chefs João Barreto, Deocleciano Brito, Paulo Machado e Onildo Rocha com Rusty Marcellini

SAIBA MAIS

A *Expedição Fartura Gastronomia* resulta na plataforma gastronômica mais completa do país, o *Fartura Gastronomia*. As descobertas que fazemos, sejam de produtos, produtores, mercados, ingredientes e chefs, transformam-se em festivais, vídeos, registos fotográficos, receitas, livros e muito mais. Para acompanhar pela internet esse mapeamento da cadeia produtiva gastronômica, ou entrar em contato com a equipe, acesse:

 /farturabrasil

 @farturabrasil

 /farturabrasil

Site: www.farturagastronomia.com.br

Bolinho de bacalhau do Box 32
Florianópolis, SC

Cozinha em Pomerode, SC

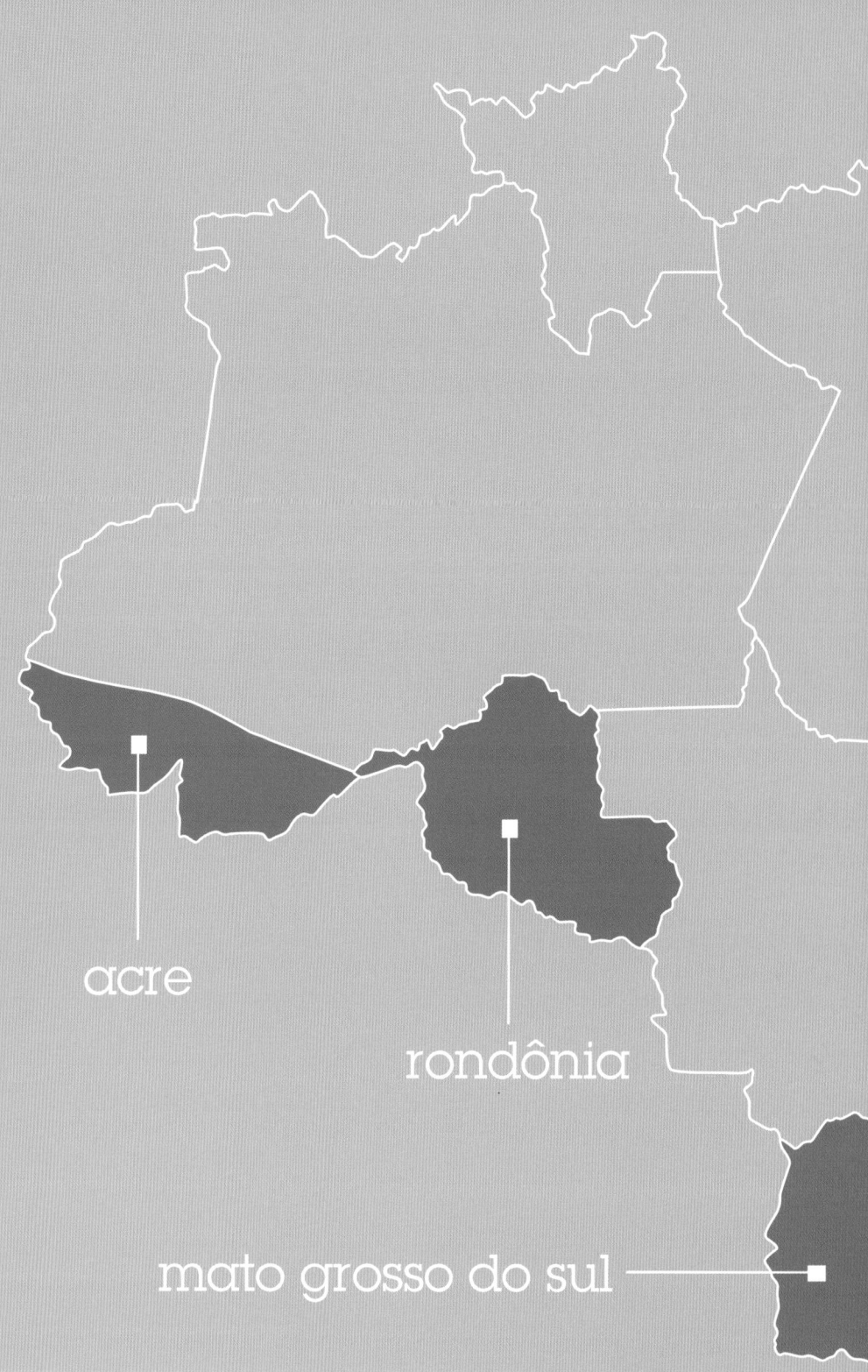

acre

rondônia

mato grosso do sul

A EXPEDIÇÃO – ANO 2016

paraíba

santa catarina

Peixaria no Mercado Público de Florianópolis, SC

A SOUZA
MasterCard
VISA
Ova de Tainha kg
R$ 80,00
Filé de Abrótea kg
Filé Congrio Rosa kg
R$ 70,00
Filé Pescada G. kg
R$ 20,88
Camarão Limpo Rosa kg
R$ 80,00
Camarão Limpo Laguna kg
R$ 40,00
R$ 20,00
Camarão Ibiraquera kg
R$ 25,00

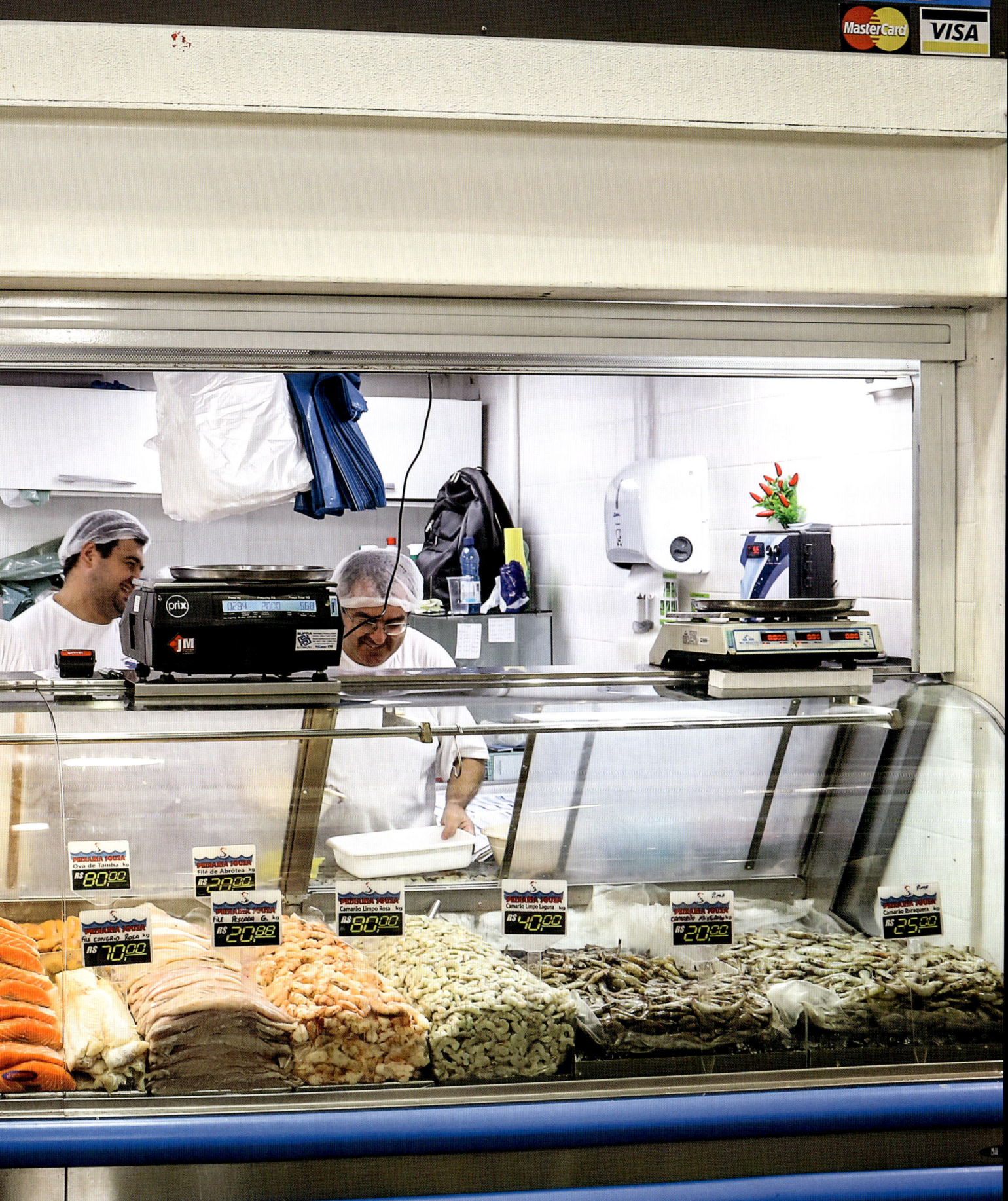

Cajus em banca na Feira de Campina Grande, PB

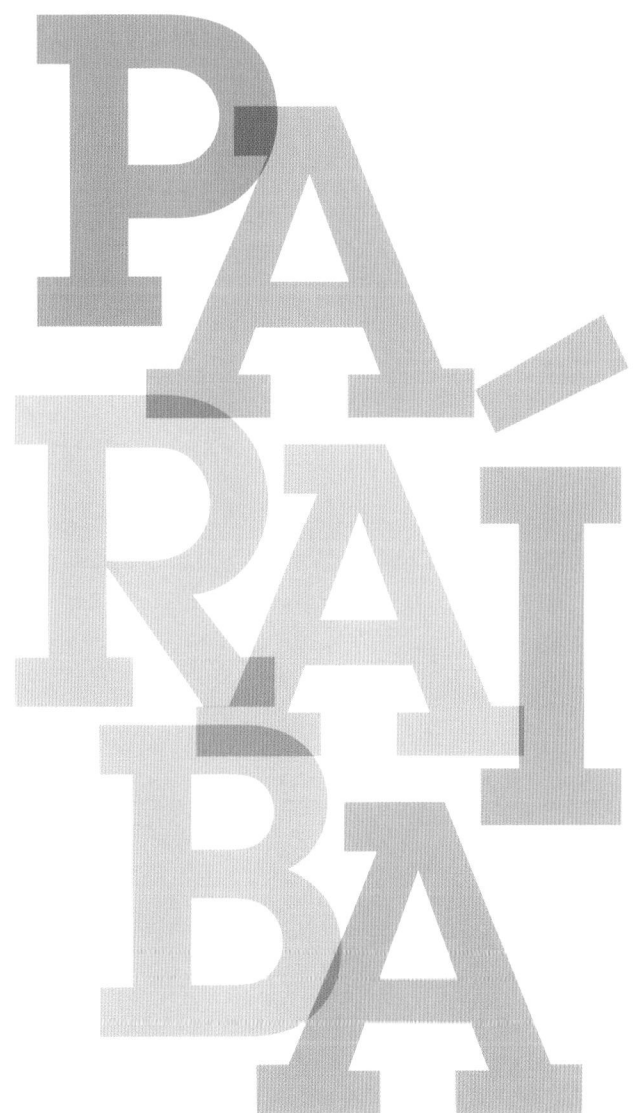

PARAÍBA

Apesar de ser um dos menores estados brasileiros, a Paraíba oferece uma imensa diversidade gastronômica. Em Taperoá, a Fazenda Carnaúba produz queijos premiados feitos com leite de cabras nativas do semiárido. Perto dali, em Santa Terezinha, a Fazenda Tamanduá produz alimentos orgânicos, como arroz castanho e arroz negro, mangas, melancias e melões. Na região do Cariri, um dos locais onde menos chove no país, o Hotel Fazenda Lajedo Pai Mateus mantém viva a tradição do preparo do bode no buraco. Em Campina Grande estão uma das maiores feiras a céu aberto do país e o Restaurante Casa de Cumpade, que serve pratos com miúdos, como o sarapatel e a buchada. Já Picuí se tornou conhecida nacionalmente por ser a capital da carne de sol. Na cidade de Areia, no topo da Serra de Borborema, há inúmeros engenhos que produzem cachaças de alta qualidade, como a Triunfo. Finalmente, na capital, João Pessoa, pode-se conhecer o restaurante Mangai, um dos principais do país quando o assunto é comida sertaneja.

Cabras na Fazenda Carnaúba
Taperoá, PB

Lajedo de Pai Mateus - Cabaceiras, PB

Favas na Feira de Campina Grande, PB

Acesso à Fazenda Tamanduá - Santa Terezinha, PB

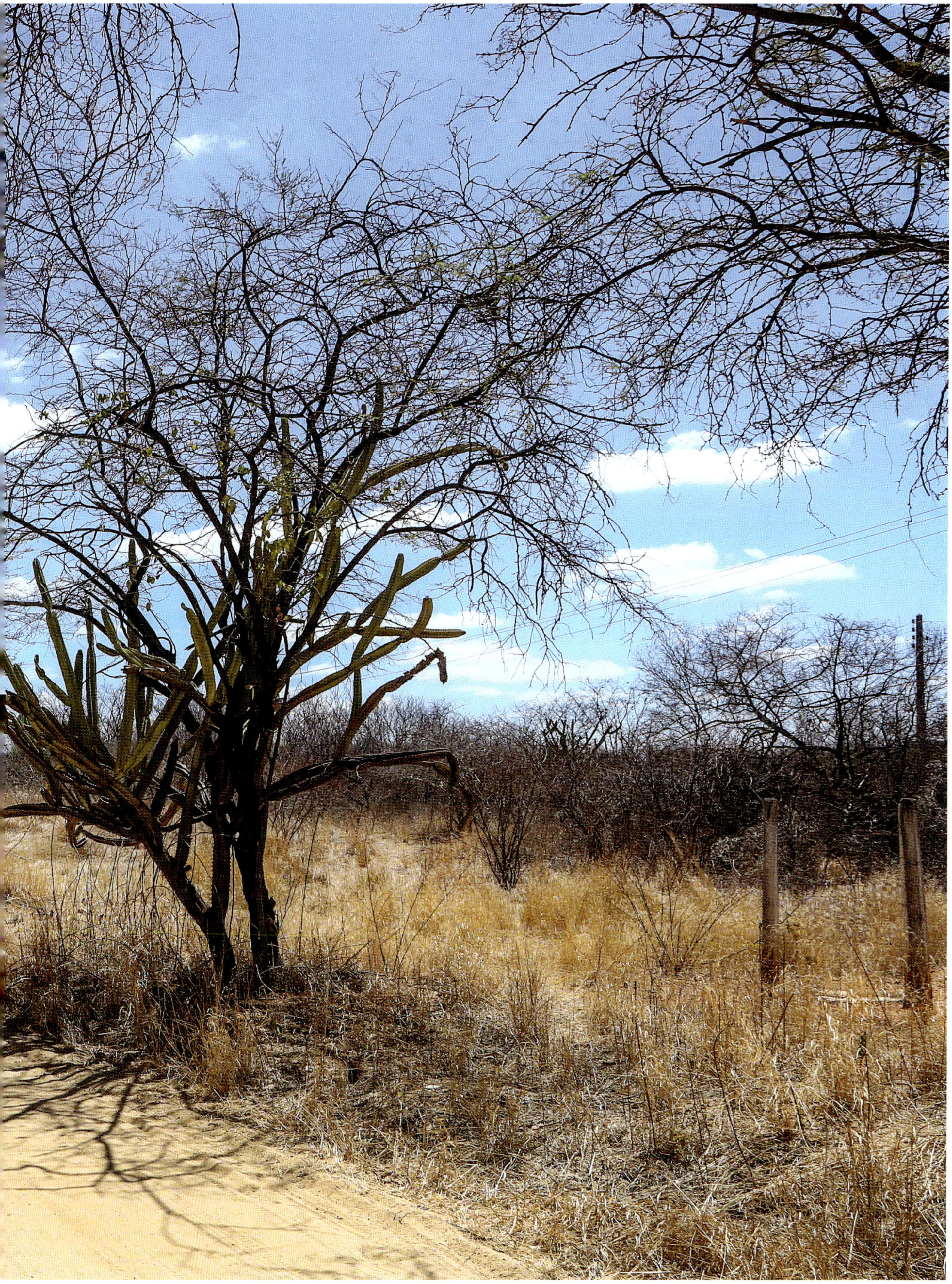

38

PARAÍBA

HISTÓRIAS E TRADIÇÕES

Bode no buraco

O Lajedo de Pai Mateus é uma extensa elevação rochosa composta por vários blocos de granito que chegam a pesar 45 toneladas. É também um sítio arqueológico que fora habitado por povos indígenas pré-históricos. Reza a lenda que Pai Mateus foi um ermitão curandeiro que ali viveu no século 18. O lajedo está situado dentro de uma propriedade particular: o Hotel Fazenda Lajedo Pai Mateus, que se tornou conhecido por manter viva a tradição do preparo do bode no buraco.
Romero Alves de Faria é o responsável pelo preparo do prato. "O bode é o animal que melhor representa a nossa região", diz, referindo-se ao Cariri Paraibano, conhecido por ser um dos locais que menos chove no país. "Ele consegue sobreviver com muito pouco, alimentando-se quase que exclusivamente de cactos e folhas de macambira". Sobre o preparo da receita, Romero explica que esse tem início na véspera, quando o animal é temperado com alho, cominho, colorau e cebola. Segue-se a arrumação dos ingredientes em uma panela grande. Em camadas, intercala-se a carne com verduras e legumes como couve, repolho, tomates, pimentões, batata-doce, batata-inglesa, vagem, jerimum, banana-da-terra e milho. A panela é, então, colocada em um profundo buraco com brasas incandescentes, onde permanecerá por três horas. Cobre-se o buraco com uma tampa e, depois, areia. Segundo Romero, a técnica foi herdada de povos indígenas da América Central. Passado o tempo de cozimento, o buraco é reaberto, e a panela, retirada. O bode, cuja carne está se desmanchando tamanha a maciez, é servido em prato fundo junto dos legumes, das verduras e de um pirão feito com o caldo do cozimento.

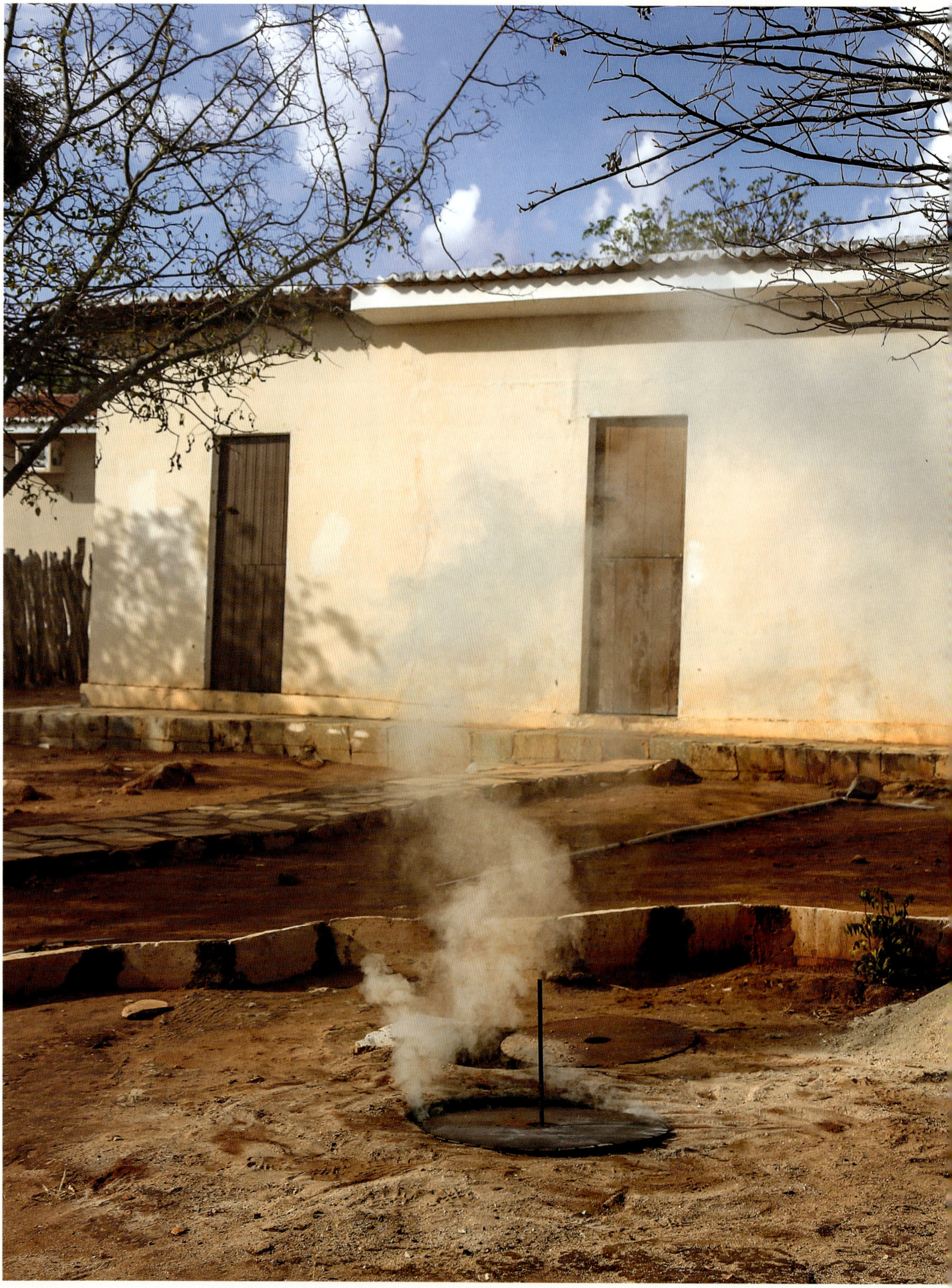

40

Preparo do bode no buraco no Hotel Fazenda Pai Mateus - Cabaceiras, PB

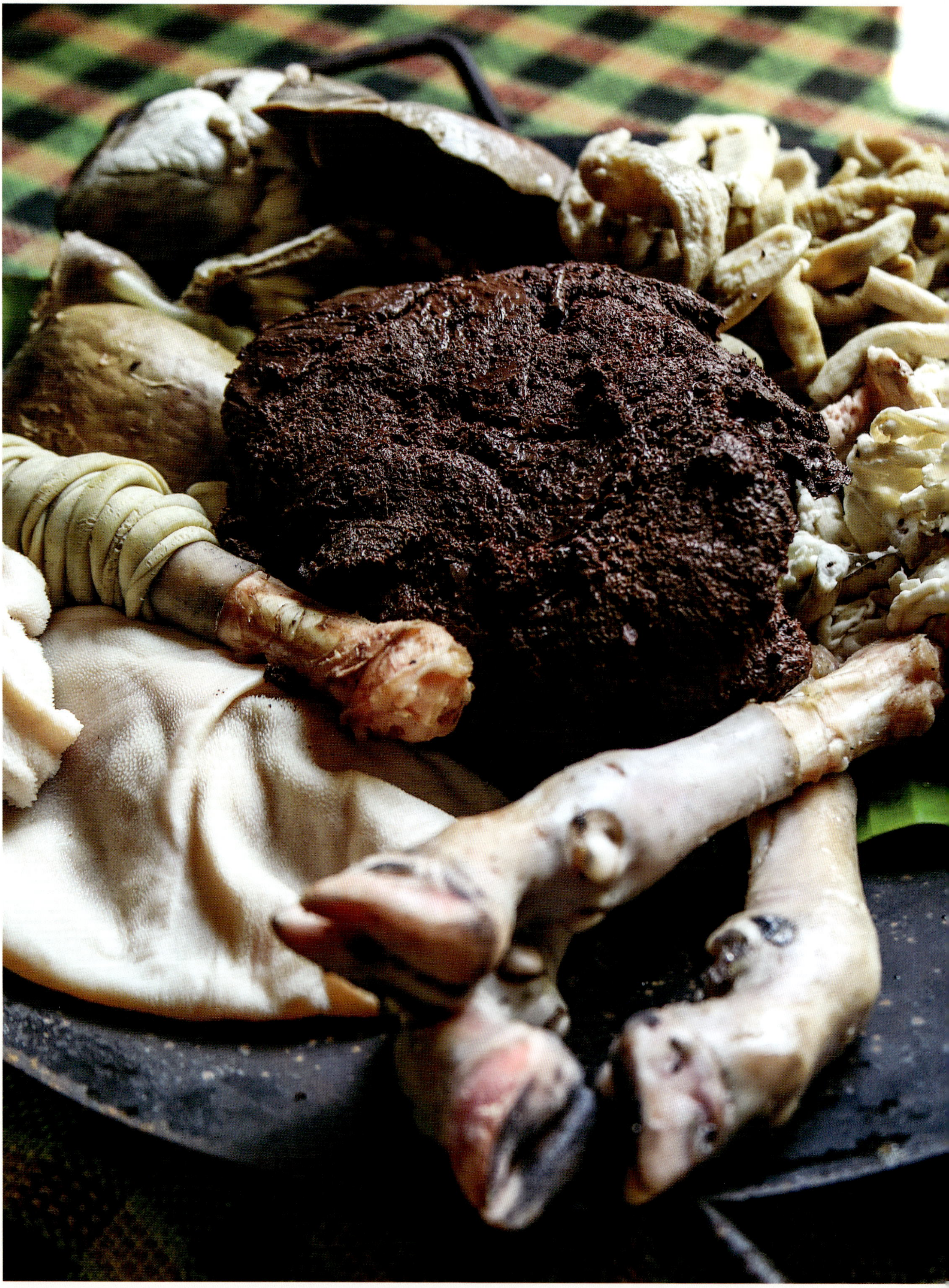

PARAÍBA

HISTÓRIAS E TRADIÇÕES

Miúdos

Em bares, botecos e restaurantes do sertão paraibano, é usual encontrar pratos feitos com miúdos. Fígados, corações, rins, línguas, buchos, pulmões e miolos são ingredientes comuns em açougues, feiras e mercados do estado. Entre as receitas mais queridas dos sertanejos, destacam-se o sarapatel e a buchada.

João Barreto é o chef-proprietário do restaurante Casa de Cumpade, situado no Distrito de Galante, a 20 km do Centro de Campina Grande. O local possui ambientação de fazenda e ótima infraestrutura para eventos. A especialidade da casa, segundo João, é "tudo que é tipo de comida sertaneja. Aqui tem galinha de capoeira, tripa assada, xerém, mungunzá, carneiro ensopado e, é claro, sarapatel e buchada". Sobre esses pratos, ele explica que o sarapatel é um ensopado feito com pedacinhos de miúdos de carneiro e sangue. "O molho tem que ser bem espesso e deve ser servido com arroz e pirão. Já a buchada é feita limpando e esfregando o bucho com limão e deixando de molho em água fria por umas cinco horas. Depois é só cortar e refogar com temperos as tripas, o fígado e os rins do bode. Junta-se, então, fora do fogo, o sangue coagulado. Para terminar, é só rechear o bucho com as vísceras, costurá-lo e cozinhá-lo por umas três horas antes de servir". João ou, como é mais conhecido, "Cumpade João" garante que a buchada da casa é sem dúvida uma das melhores da Paraíba; se não, do Brasil.

Bucho de boi

Manta de bode

João Barreto, mais conhecido como "Cumpade João", é folclorista e pesquisador da culinária sertaneja. É chef-proprietário do restaurante rural Casa de Cumpade, localizado no Distrito de Galante, em Campina Grande.

BUCHADA DE BODE

Rendimento: 4 pessoas

ingredientes

Vísceras de 1 bode (bucho, tripas, fígado e rins)
4 limões grandes
3 dentes de alho esmagados
4 cebolas picadas
1 maço de cheiro-verde picado
Cominho em pó
4 tomates picados
1 maço de coentro picado
Colorau
2 folhas de louro picadas
1 xícara (chá) de vinagre
2 colheres (sopa) de azeite
200 g de toucinho fresco picado
Sangue coagulado do bode
Farinha de mandioca
Sal a gosto
Pimenta-do-reino a gosto

MODO DE PREPARO

Limpe as vísceras, retirando a cartilagem e o sebo. Depois limpe o bucho e esfregue o limão por dentro e por fora dele. Deixe-o de molho em água fria com suco de um limão por cinco horas. Pique em tirinhas as tripas e demais vísceras. Tempere-as com sal, pimenta-do-reino, alho, cebola, cheiro-verde, louro, cominho e coentro. Inclua os tomates picados e o colorau, colocando vinagre para deixar descansar. Aqueça o azeite e adicione os toucinhos, deixando-os em fogo baixo até derreterem, formando torresmos. Retire os torresmos e, na gordura que se formou, refogue todas as vísceras. Junte o sangue coagulado e retire os ingredientes do fogo. Retire o bucho do molho de limão, aferventando-o inteiro. Coloque o refogado de vísceras e os torresmos no interior do bucho e costure-o com agulha e linha. Leve ao fogo uma panela com bastante água e sal e deixe a água ferver. Coloque o bucho e cozinhe-o em fogo brando durante três horas. Sirva-o com pirão de farinha de mandioca.

47

Peixe seco

HISTÓRIAS E TRADIÇÕES

Feira Central de Campina Grande

A Feira Central de Campina Grande é uma das maiores feiras a céu aberto do Nordeste brasileiro. O surgimento dela ocorreu do encontro de tropeiros que iam do interior do estado para o litoral e ali paravam para descanso e reabastecimento de produtos de primeira necessidade.
A feira é realizada durante todos os dias da semana, com maior movimento aos sábados. Desde as primeiras horas da manhã, pessoas de todos os cantos da cidade chegam ao mesmo local, com diferentes demandas. Há quem precise comprar farinha de mandioca, peixe seco, queijo manteiga, cachaça ou rapadura. E há quem queira comer um pastel de carne-seca desfiada ou um picadinho de bode com purê de jerimum. O local é dividido em diferentes setores, cada um especializado na venda de um tipo de produto. Há o setor das flores, dos peixes, das carnes, dos grãos e cereais, das farinhas, dos queijos e doces, das frutas e verduras. Mas, apesar de servir como um dos principais pontos de comercialização de alimentos do estado, a Feira de Campina Grande é muito mais: é um democrático espaço que reúne um mostruário da cultura nordestina por meio das tradições, personagens e manifestações artísticas.

Feira de Campina Grande, PB

51

13,00

Fava rajada

Jiló

54

HISTÓRIAS E TRADIÇÕES

Mangai

Inaugurado em 1989, o Mangai se tornou um ícone da gastronomia em João Pessoa. Especializado em culinária sertaneja, o restaurante foi fundado por Leneide Maia Tavares, mais conhecida como "Dona Parea". Nascida em Catolé do Rocha, no interior da Paraíba, ela vendia rapadura, farinha, queijo, carne de sol e outros produtos em feiras da capital. Numa ocasião, contou à mãe que iria abrir uma "bodega" para vender os produtos do sertão. Essa lhe retrucou, dizendo que não tinha criado uma filha para se tornar "mangaieira" – expressão popular dada a pessoas que trabalham em um "mangai", local onde se vende de tudo. Da conversa, surgiu o nome da venda de Dona Parea. Com o tempo, a loja foi se transformando em um restaurante, devido à exigência de clientes assíduos por um café, uma fatia de bolo, um pão de mandioca com queijo. Dona Parea passou, então, a servir, no final da tarde, uma ceia nordestina, com tapiocas, pamonhas, canjicas e alguns outros itens.

Atualmente, em um ambiente rústico semelhante ao de uma fazenda, o Mangai oferece diariamente um bufê com dezenas de pratos regionais. Entre as receitas com bode, há buchada, pernil, costela, picadinho e guisado. Outras especialidades são a carne de sol com nata, o baião de dois, o cuscuz de milho, a paçoca de carne, a lasanha de macaxeira, o escondidinho, além do "sovaco de cobra" – feito com carne de sol moída com milho e cebola – e da "gororoba" – purê de macaxeira, charque e queijo. Há, ainda, opções à la carte – como tapiocas e cuscuz – e sobremesas, como cocada e o clássico cartola – feito com fatias de banana frita cobertas com queijo manteiga derretido, açúcar e canela. Para não se esquecer das origens, Dona Parea faz questão da existência de um anexo ao restaurante, onde são vendidos produtos do sertão, como farinha, rapadura, bolos, queijo manteiga e pão de mandioca.

Luciana Maia é a chef responsável pela criação de receitas e pela produção de alimentos dos restaurantes Mangai, a matriz, fundada em 1989, em João Pessoa, e as filiais, em Natal e Brasília.

CARTOLA

Rendimento: 4 pessoas

ingredientes

8 unidades de banana-prata madura
25 g de margarina
500 g de queijo manteiga
200 g de açúcar cristal com canela em pó

MODO DE PREPARO

Derreta o queijo manteiga e reservá-lo. Corte as bananas ao meio, no sentido do comprimento. Grelhe as bananas na chapa com margarina. Monte a sobremesa em um refratário da seguinte maneira: uma camada de bananas; polvilhe por cima a metade da quantidade de açúcar com canela, faça uma camada com o queijo manteiga derretido, polvilhe com o restante da mistura de açúcar com canela.

57

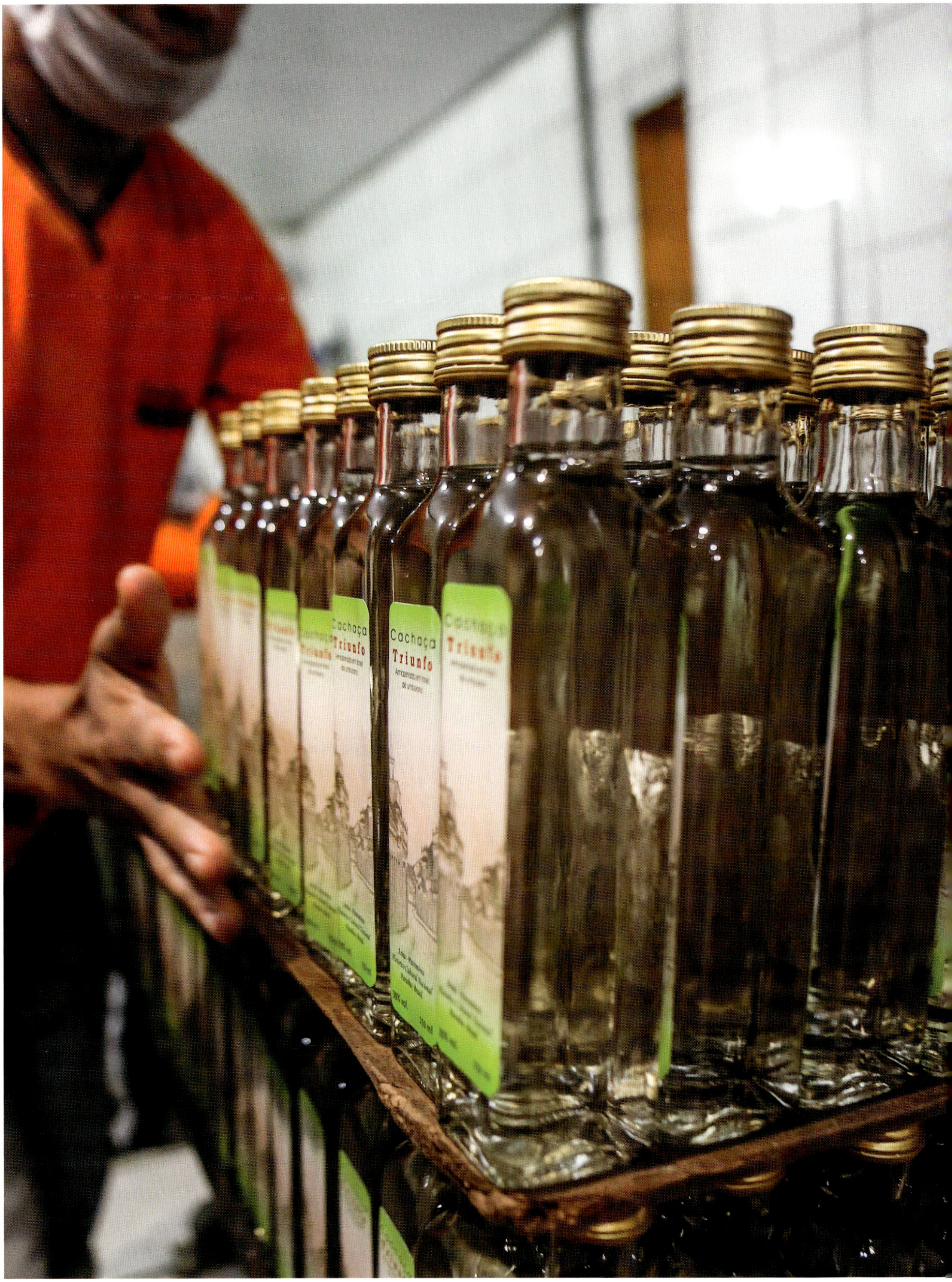
Cachaça
Triunfo

PRODUTOS & PRODUTORES

Cachaça Triunfo

A Paraíba é um dos principais estados do Nordeste quando o assunto é a produção de cachaça de qualidade. No município de Areia, a 140 km de João Pessoa, está a maior concentração de alambiques da Paraíba. A cidade, que se encontra no topo da Serra da Borborema, teve importância fundamental na história do estado, no século 19. Na época, centenas de engenhos da região produziam todo o açúcar necessário para o abastecimento do sertão paraibano. Atualmente, turistas que visitam Areia podem tanto visitar o conjunto arquitetônico do Centro Histórico, tombado pelo Patrimônio Nacional, quanto fazer visitas guiadas aos engenhos na zona rural da cidade.

Um dos mais bem-estruturados engenhos de Areia é o que produz a Cachaça Triunfo. Fundado em 1994 pelo casal Antônio Augusto e Maria Júlia, o engenho oferece uma visita explicativa das diversas fases da produção da cachaça. Pode-se acompanhar a moagem da cana, a fermentação da garapa, a destilação em alambiques de cobre, o armazenamento em tonéis de carvalho e, por fim, o engarrafamento. Após o passeio, os visitantes podem degustar doses de cachaças brancas ou envelhecidas. Antes de ir embora, muitos passam pela loja do engenho, para comprar uma garrafa de uma das cachaças mais premiadas da Paraíba.

Alambique da Cachaça Triunfo - Areia, PB

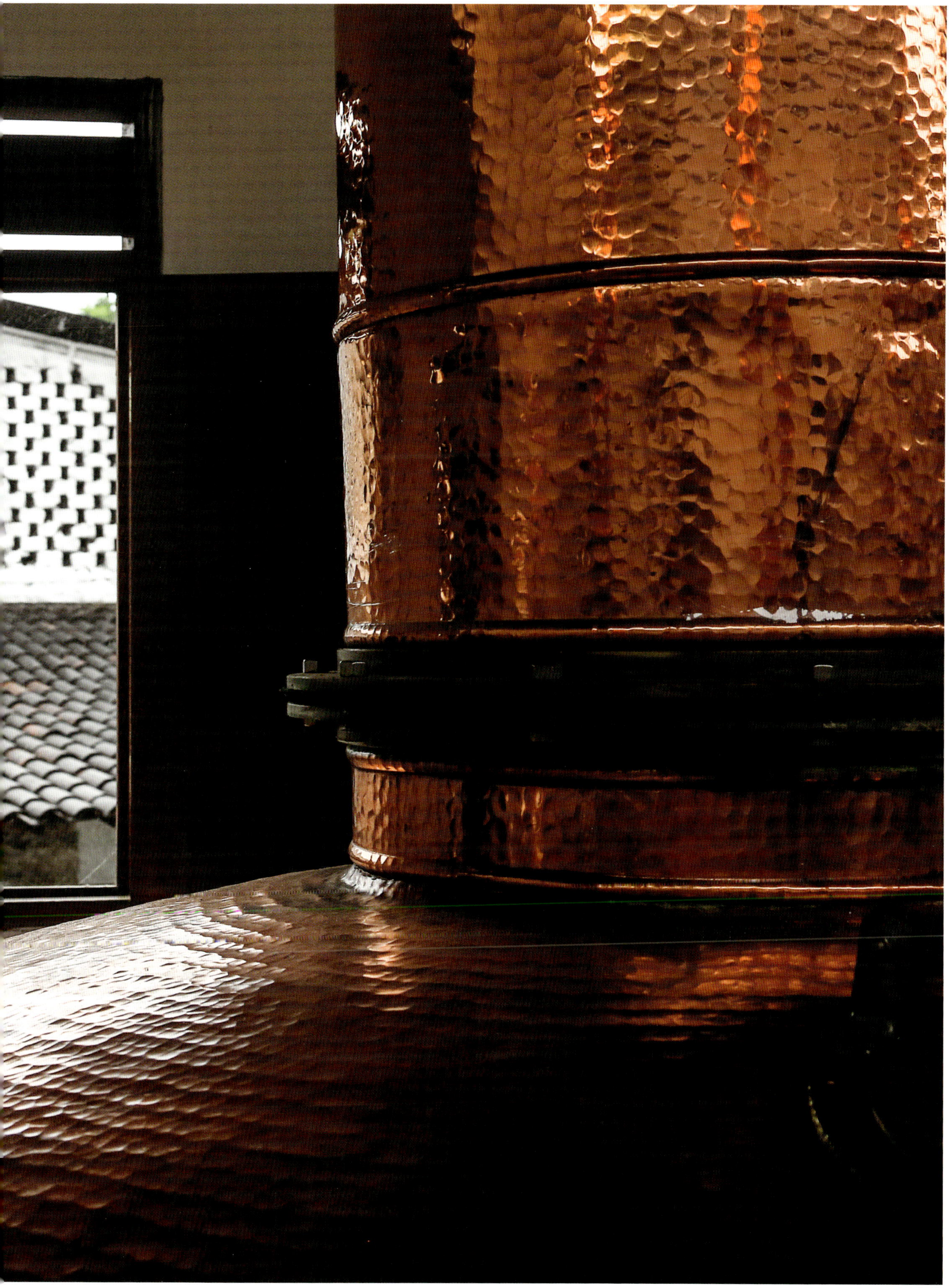

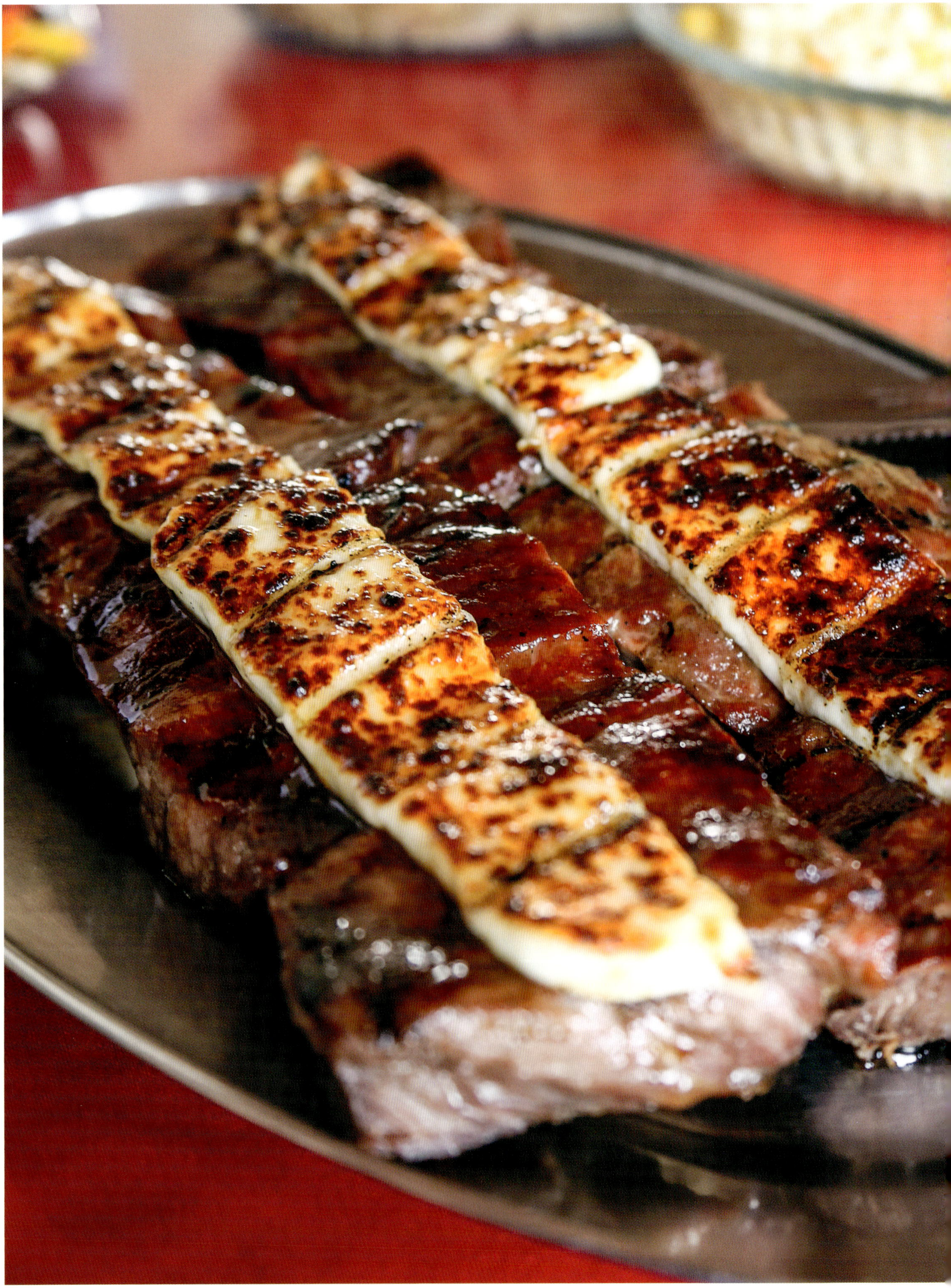

PRODUTOS & PRODUTORES

Carne de sol de Picuí

A cidade de Picuí se tornou conhecida como a capital nacional da carne de sol. Por todo o Brasil, encontram-se restaurantes especializados em culinária sertaneja que servem a carne que fora previamente salgada nos açougues da cidade, localizada no Seridó paraibano, a 250 km da capital, João Pessoa. O processo de beneficiamento foi a alternativa encontrada pelos picuienses para aumentar o tempo de durabilidade da grande quantidade de carne proveniente do rebanho bovino existente na região. Estima-se o número de cabeças de gado em mais de quarenta mil; a maioria formada por mestiços, por melhor resistirem às agruras do clima semiárido.
Manuel Edinaldo de Mello, mais conhecido como "Naldo", é o proprietário do Restaurante Beira Rio. Ele explica que o preparo da carne de sol de Picuí se inicia com a transformação da carne em mantas. "Gosto de usar o chã, que é um corte saboroso e dá uma boa cura", diz. "Com uma faca afiada, é só abrir a carne como uma manta, para aumentar a área de contato do sal. Depois, basta salgar e deixar secando dependurada em um local com temperatura amena e ventilado, por dois a três dias". No restaurante, Naldo prepara a carne de sol na brasa. "Passamos a carne rapidamente em água corrente, secamos e grelhamos. Como acompanhamento, servimos macaxeira cozida, paçoca, pirão de queijo, farofa, vinagrete, arroz branco, feijão-verde e manteiga de garrafa", conclui.

Carnes de sol salgadas e frescas - Picuí, PB

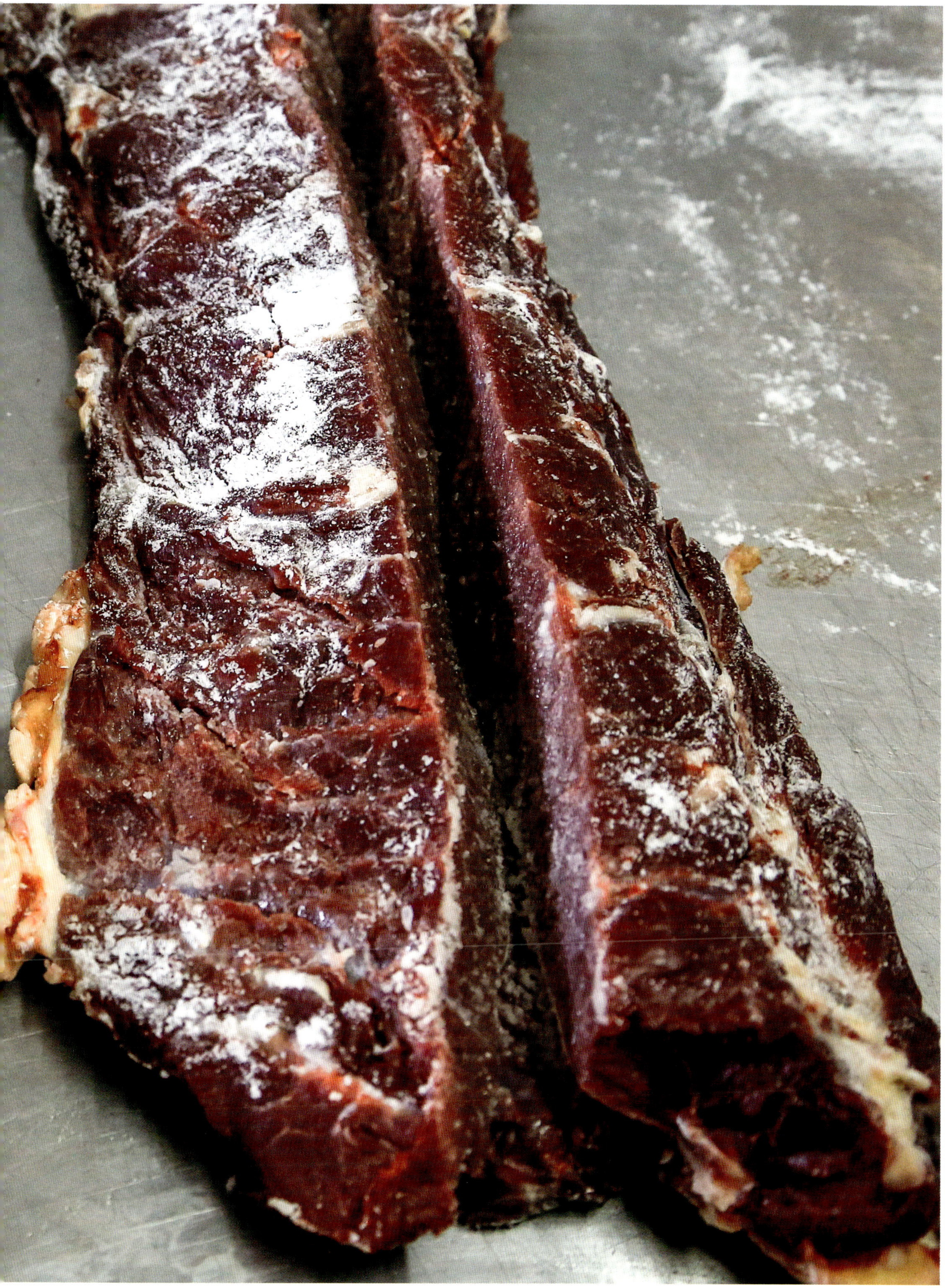

66

PRODUTOS & PRODUTORES

Galinha de capoeira

A galinha de capoeira ensopada é um dos pratos que melhor representam a cozinha caseira do interior da Paraíba. Por possuir carne mais rija que a da ave de granja, demanda mais tempo de cocção. A espera, entretanto, é recompensada com uma carne e um caldo mais saborosos e substanciosos. Àqueles que não sabem, a galinha de capoeira é a ave criada solta, no fundo do quintal, solta nas capoeiras dos sítios do sertão. São aquelas que ciscam e comem de tudo: milho, insetos, minhocas. No Brasil, dependendo da região, são chamadas de outros nomes, como galinha colonial – no Sul –, galinha caipira – no Sudeste –, e, conforme a localidade, de galinha índia, da terra, carijó, pé-duro e canela-seca.
Luciana Balbino, gerente do Restaurante Vó Maria, na zona rural de Areia, conta que a galinha de capoeira é famosa não apenas pelo sabor, mas também por dar sustância e energia aos comensais. "Muitos acreditam que o prato é obrigatório para ajudar as mulheres na recuperação pós-parto", diz. "O preparo da receita no restaurante", revela Luciana, "começa com a refoga da galinha cortada em pedaços, na panela de pressão, com cebola, alho, tomate, pimentão, cominho e colorau. Depois, a carne é coberta com água e cozida por 30 minutos sob pressão. Por fim, um pirão é preparado com o caldo do cozimento, para acompanhar a galinha, cuja carne se desmancha na boca".

Ensopado de galinha de capoeira do Restaurante Vó Rural - Areia, PB

69

Arroz Castanho
WWW.FAZENDATAMANDUA.COM.BR
ALIMENTO NATURAL
demeter
ARROZ CASTANHO
FAZENDA TAMANDUÁ
ORGÂNICO
BRASIL
ARROZ CASTANHO
INTEGRAL
500g
FARINHA INTEGRAL
DE ARROZ CASTANHO

PARAÍBA

PRODUTOS & PRODUTORES

Fazenda Tamanduá

A Fazenda Tamanduá está localizada no município de Santa Terezinha. O nome faz referência a uma imponente formação rochosa existente na região, o Serrote Tamanduá. Fundada em 1977, a fazenda se tornou conhecida pela alta capacidade de produção de alimentos orgânicos de qualidade, como frutas, arrozes e queijos, em meio ao clima semiárido do sertão paraibano.

Flávio de Medeiros, um dos responsáveis pelo local, explica que a Tamanduá surgiu com o objetivo de implementar melhoramentos técnicos na produção de alimentos e genéticos na criação de gado leiteiro da raça parda-suíça em meio às duras condições climáticas do semiárido paraibano. Com o sucesso obtido nas metas inicialmente traçadas, a fazenda realizou o plantio de gramíneas e leguminosas resistentes à seca, para alimentar o gado leiteiro, e desenvolveu um moderno sistema de irrigação em dezenas de hectares da fazenda. Como consequência, a fazenda produz, para os mercados interno e externo, toneladas de frutas, como mangas das variedades tommy e keitt, melancias quetzali e míni sem sementes, melões japonês (cantaloupe), espanhol (amarelo) e português (pele de sapo) e arrozes integrais castanho e negro. Outra conquista da fazenda foi a certificação da queijaria do local com o Serviço de Inspeção Federal (SIF), permitindo a venda dos queijos tipo reblochon – feito com leite de vaca, com casca lavada e massa macia não cozida, com maturação de quatro semanas –, tipo saint paulin – vaca, casca lavada, massa semidura não cozida e maturação de quatro semanas – e tipo chevrotin – cabra, maturação curta, massa semicozida, lavada e prensada – para todo o território brasileiro.

Sala de maturação da Fazenda Tamanduá - Santa Terezinha, PB

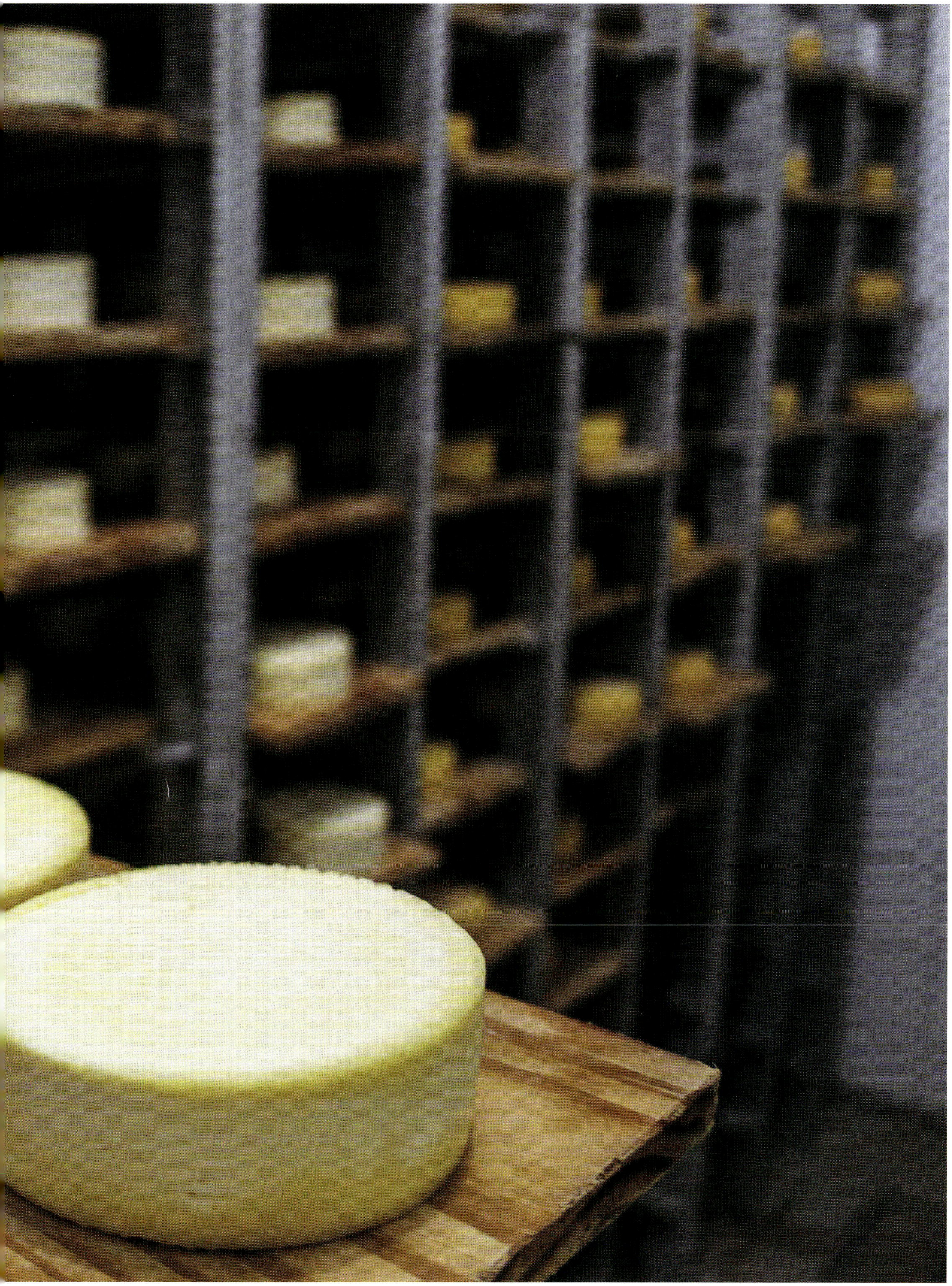

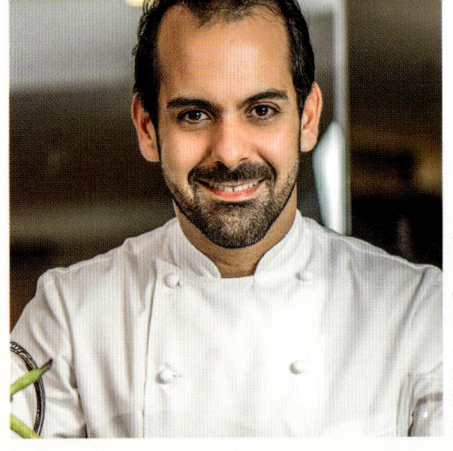

Onildo Rocha é o chef-proprietário do Grupo Roccia, que inclui a casa de eventos Casa Roccia, o restaurante Cozinha Roccia e o Bar Roccia, todos em João Pessoa. O chef é um dos nomes mais relevantes da culinária nordestina e se faz presente nos principais eventos de gastronomia que acontecem pelo Brasil.

PESCADA-AMARELA COM ARROZ VERMELHO E MASCARPONE DE CABRA

Rendimento: 4 pessoas

ingredientes

ARROZ VERMELHO
- 300 g de arroz vermelho
- Caldo de legumes
- 1 folha de louro
- 3 dentes de alho brunoise
- ½ cebola brunoise
- 50 g de cenoura brunoise
- 50 g de abobrinha brunoise
- 50 g de alho-poró brunoise
- Fio de azeite
- Sal a gosto
- Pimenta-do-reino a gosto

BISQUE DE CAMARÃO
- 10 g de alho
- 250 g de cabeça de camarão
- 30 g de cebola branca
- 130 g de cenoura
- 50 ml de conhaque
- 750 ml creme de leite fresco
- 2,5 g de erva-doce
- 3 g de gengibre
- 3 g de manjericão
- 90 g de manteiga
- 10 g de pimenta-do-reino
- 75 g de pimentão vermelho
- 5 g de sal
- 50 g de salsinha
- 50 g de salsão
- 130 g de tomate
- 130 g de extrato de tomate
- Sal a gosto

MASCARPONE
- 200 g de pasta de queijo de cabra
- 500 ml de creme de leite fresco
- 15 ml de cachaça volúpia

PESCADA-AMARELA
- 600 g de lombo de pescada-amarela com pele
- Manteiga
- Sal e Pimenta-do-reino a gosto

MODO DE PREPARO

Arroz vermelho • Cozinhe o arroz no caldo de legumes com a folha de louro e o sal. Reserve-o. Separadamente, refogue o alho, a cebola, o alho-poró, a cenoura e a abobrinha, seguindo essa ordem para os últimos ficarem ao dente. Misture o arroz ao refogado, ajustando o sal e a pimenta. • **Bisque de camarão** • Coloque as cabeças de camarão em uma assadeira, espalhe-as bem e ponha-as para secar no forno por 20 minutos, a 180 °C. Em uma panela, derreta a manteiga, refogue o alho, a cebola, a cenoura, o salsão, o tomate, um por vez, nessa ordem. Em seguida, acrescente salsinha, manjericão, gengibre, erva-doce, conhaque e extrato de tomate. Por fim, coloque as cabeças de camarão assadas e mexa-as bem. Amasse as cabeças para que liberem cor e sabor. Junte o creme de leite e reduza o fogo. Coe e tempere os ingredientes com sal e pimenta-do-reino. • **Mascarpone** • Bata o creme de leite fresco até ele se firmar. Junte a pasta de queijo à cachaça. Bata. Misture tudo, gele e sirva o mascarpone. • **Pescada-amarela** • Corte o lombo em pedaços de 150 g. Tempere-o com sal e pimenta e sele-o numa frigideira com manteiga, começando pelo lado da pele, até que fique dourado, sempre banhando o peixe com a manteiga. Vire-o e repita o processo do outro lado. Se necessário, finalize o cozimento no forno.

75

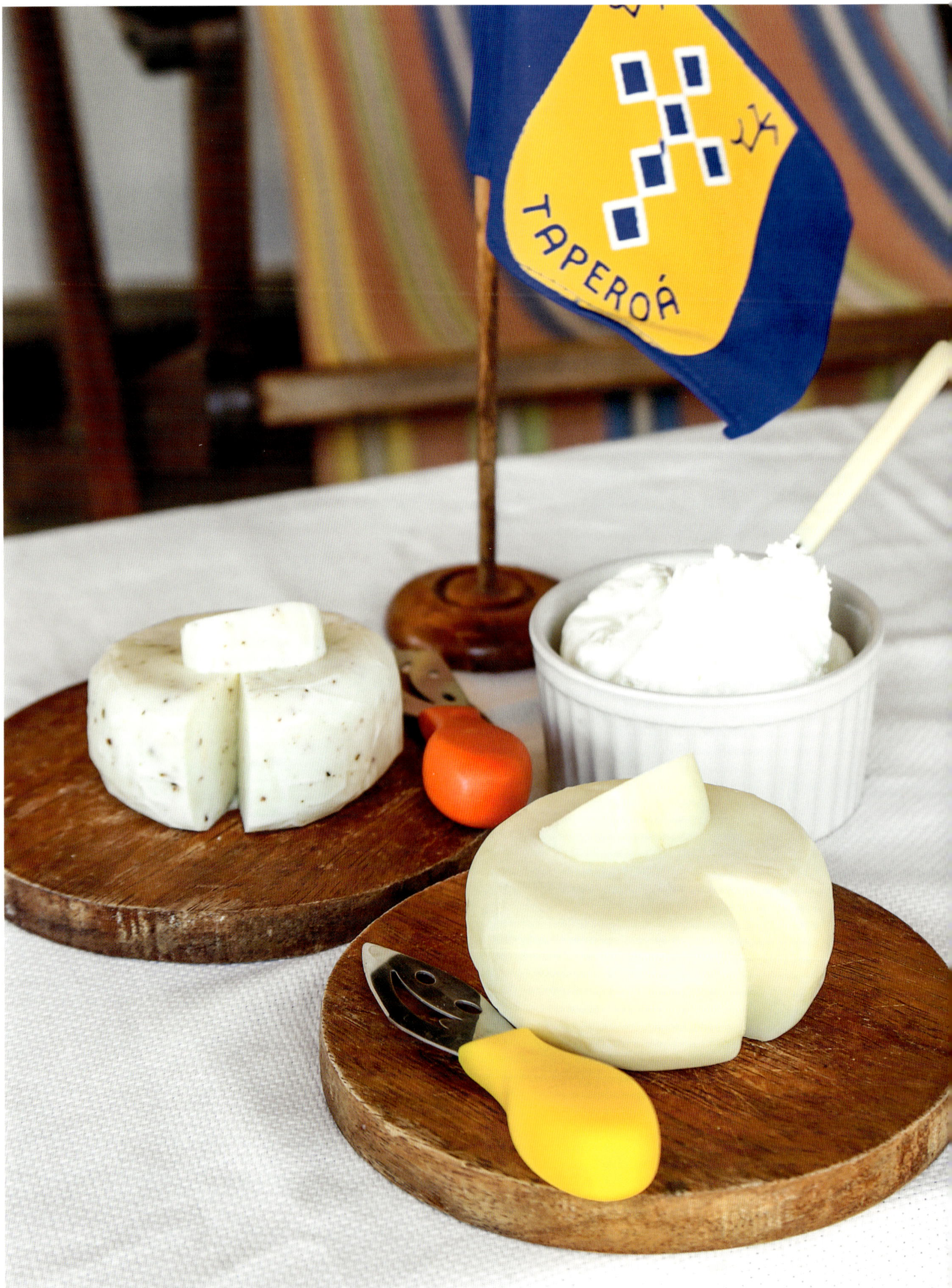
TAPEROÁ

PRODUTOS & PRODUTORES

Fazenda Carnaúba

A Fazenda Carnaúba, em Taperoá, no semiárido nordestino, se tornou referência nacional quando o assunto é criação de raças nativas de caprinos, tamanha a competência técnica e a alta produtividade que ela possui. As cabras moxotó, canindé e marota são criadas soltas e produzem um leite de excelente qualidade, que resulta em queijos artesanais premiados em concursos pelo Brasil.

Manuel Dantas Vilar Filho, mais conhecido como "Manelito", é o proprietário da fazenda. Em posse da família dele desde o século 18, é hoje administrada pelos filhos de Manuel. A história de sucesso da fazenda tem origem na parceria estabelecida nos anos 1970 entre Manelito e um primo, o escritor paraibano Ariano Suassuna. "Os primeiros tostões que o primo ganhou da literatura foram investidos na compra de 200 cabras leiteiras para iniciar a produção de queijos. Todos achavam que nós éramos doidos. 'Como assim?', diziam. 'Vocês querem produzir queijo no sertão? Estão birutas?'", lembra Manelito. O produtor revela que o nome do laticínio, fundado em 1979, foi escolhido por Ariano. "Ele o batizou de Grupiara, que significa 'veio de diamantes'", diz, em referência ao queijo que é a maior preciosidade da fazenda. A Fazenda Carnaúba produz três tipos de queijos: o Arupiara, branco, de massa firme e maturado; o Cariri, temperado com ervas do sertão, como aroeira, marmeleiro, alfazema e cumaru; e o Borborema, feito da massa fresca do queijo temperada com alho.

Fazenda Carnaúba - Taperoá, PB

79

Queijos de cabra

Manelito Dantas com a filha Inês

PARAÍBA

Serviço

BODE NO BURACO
Hotel Fazenda Pai Mateus
(83) 98719-6061 / (83) 3356-1250
Sitio Tapera
Zona Rural de Cabaceiras - PB
www.paimateus.com.br

CASA DE CUMPADE
(83) 3224-3050 / (83) 99907-9453
(83) 98770-4760
Sitio Massapê
Distrito de Galante - Campina Grande - PB
www.casadecumpade.com.br

FEIRA CENTRAL DE CAMPINA GRANDE
Rua Pedro Álvares Cabral, 129, Centro
Campina Grande - PB

RESTAURANTE MANGAI
(83) 3226-1615
Av. Gen. Edson Ramalho, 696, Manaíra
João Pessoa - PB
www.mangai.com.br

CACHAÇA TRIUNFO
FAZENDA ENGENHO TRIUNFO
(83) 99981-7728 / (83) 3077-2127
Rodovia PB079
Areia - PB
www.cachacatriunfo.com.br/engenho-triunfo/

CARNE DE SOL
RESTAURANTE BEIRA RIO
(83) 99985-3024 / (83) 3371-2892
Rua Elias Enoque de Macedo, 93, Monte Santo
Picuí - PB

GALINHA DE CAPOEIRA
RESTAURANTE RURAL VÓ MARIA
(83) 98826-8208 / (83) 99998-2597
Sitio Chã de Jardim
Areia - PB

FAZENDA TAMANDUÁ
(83) 3422-7070
Sítio Padre Cícero
BR 361, km12/14
Santa Teresinha - PB
www.fazendatamandua.com.br

FAZENDA CARNAÚBA
(83) 3463-2585
Fazenda Carnaúba, s/n
Taperoá - PB

CHEF ONILDO ROCA
CASA ROCCIA
(83) 3225-4904
Avenida Capitão Freire, 1080, Tambauzinho
João Pessoa - PB
www.casaroccia.com.br

Galinha caipira com ovas na Feira de Campina Grande, PB

Cachos de bananas em feira de Rio Branco, AC

85

ACRE

Único estado brasileiro com fuso horário de duas horas a menos em relação ao de Brasília, o Acre se tornou conhecido nacionalmente pela luta do ambientalista Chico Mendes. Tratando-se da gastronomia acriana, há muito a oferecer aos brasileiros que a desconhecem. Em Cruzeiro do Sul, no oeste do estado, é produzida uma das melhores farinhas de mandioca do país. Em Xapuri, há uma fazenda com um criatório legalizado de tartarugas e um restaurante que prepara a carne do quelônio sob encomenda. Em Rio Branco, há uma fábrica que beneficia castanhas para serem vendidas nos mercados interno e externo. Ainda na capital, existem várias lanchonetes que servem um prato inusitado chamado baixaria e um quibe feito com massa de arroz.

Mercado Velho de Rio Branco

Castanheiras às margens da BR-317

Garrafas com tucupi

Cruzeiro do Sul, AC

91

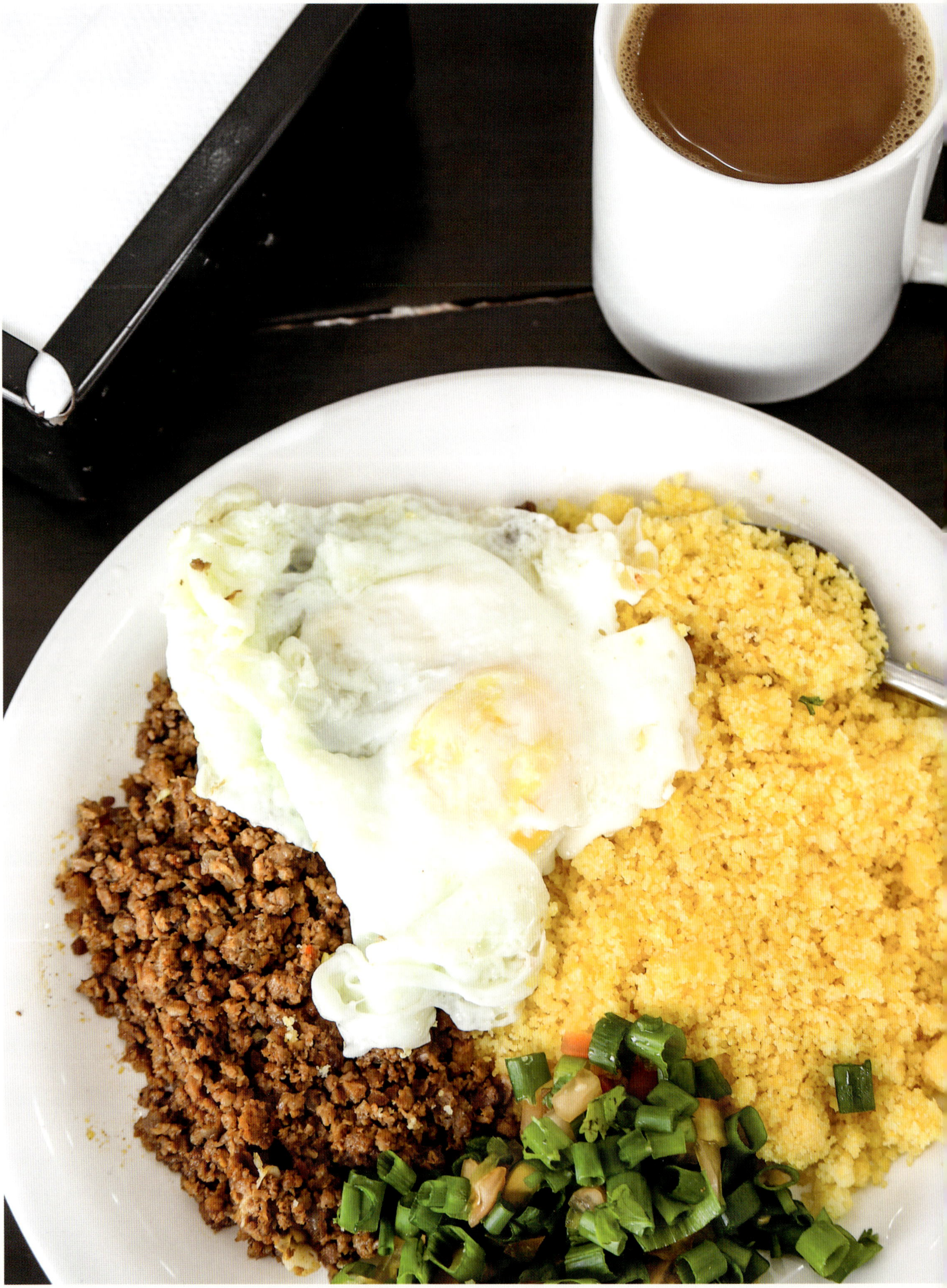

HISTÓRIAS E TRADIÇÕES

Baixaria

Um dos pratos mais tradicionais do Acre tem nome bastante inusitado: Baixaria. A preparação dele consiste na mistura de cuscuz de milho hidratado com manteiga, carne moída bem temperada, ovo frito e cheiro-verde. Para acompanhar o prato, outra peculiaridade: uma caneca grande de café com leite.

A baixaria costuma ser pedida logo cedo, em mercados populares, padarias e lanchonetes de Rio Branco. É a opção de café da manhã de pessoas que estão terminando a noite ou começando o dia. Antônia Pereira, proprietária do Café da Toinha, conta que "a baixaria é pedida por quem quer sustança. Depois dela, dá para ficar muitas horas sem comer nada. É uma bomba calórica. O 'Redbull' dos acreanos (sic)", diz, rindo. Sobre a peculiaridade do nome, Antônio diz acreditar na versão que narra a chegada de um vaqueiro ao Mercado do Bosque, o lugar onde o prato surgiu. "Era um desses homens que são capazes de comer um boi em cada refeição". O esfomeado foi logo pedindo um prato com tudo que tinha disponível: o cuscuz do café da manhã, a carne moída do almoço e, para completar, um ovo frito por cima. "Antes de ir embora para mais um dia de trabalho, o vaqueiro pediu a conta, perguntando: 'quanto ficou essa baixaria que eu comi?'", revela Antônia. Pronto, estava batizado um dos pratos mais tradicionais do Acre.

94

HISTÓRIAS E TRADIÇÕES

Quibe de arroz

Nos botecos, bares, padarias e lanchonetes de Rio Branco, é comum encontrar um salgado que surgiu da forte influência exercida pela comunidade árabe na cidade: o quibe de arroz. A diferença é que, ao contrário da receita tradicional de quibe, o de arroz não leva trigo integral devido à dificuldade de encontrá-lo na região.
O preparo do quibe de arroz se dá com o cozimento do grão, que pode ou não incluir o colorau. O arroz cozido deve, então, ser amassado ou pilado até formar uma espécie de massa. Segue a moldagem em formato alongado, deixando um furo no meio para inserir o recheio de carne moída temperada com pimenta síria, cebola e alho. Por fim, basta fechar o bolinho, dando-lhe o formato de quibe, e fritá-lo em óleo bem quente.

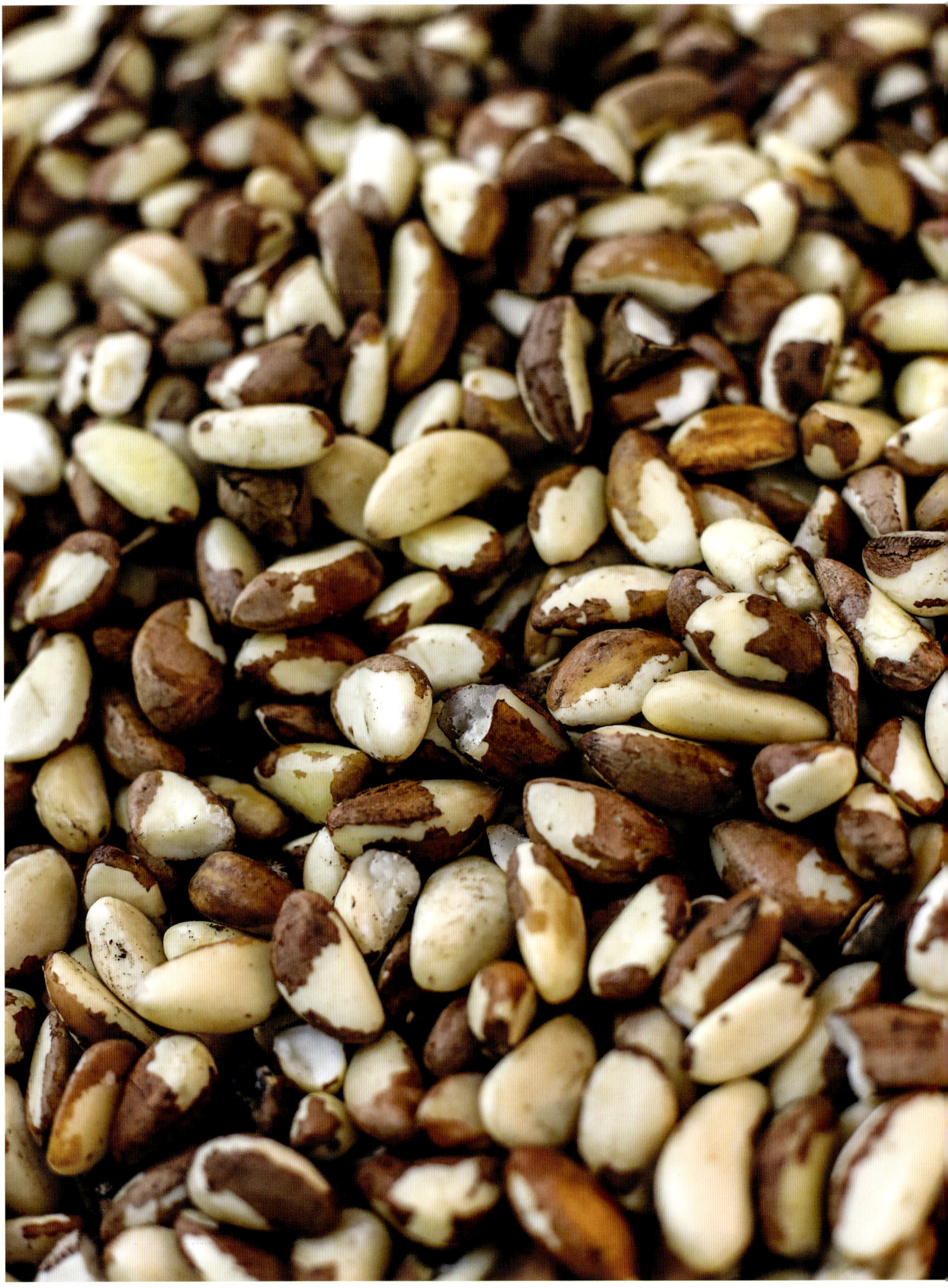

PRODUTOS & PRODUTORES

Castanha-do-brasil

Conhecida como castanha-do-brasil ou castanha-do-pará, a semente oleaginosa da castanheira é nativa da floresta amazônica e um dos principais produtos da economia local. Consumida tanto no Brasil quanto no exterior – onde é conhecida como "Brazil nuts" –, tem na coleta uma importante atividade de extrativismo na região Norte, tendo o Acre como um dos maiores produtores do país. A castanha possui alto teor nutritivo e pode ser utilizada de diferentes maneiras em receitas: torrada ou *in natura*, fatiada ou inteira, misturada em farofas, massas de bolo, biscoitos ou doces em compota.

A extração da castanha é um trabalho árduo que ocorre durante sete meses de safra. O fruto da castanheira, o ouriço, cai naturalmente da árvore. É dentro dele que estão as castanhas. Após a cata do ouriço pelos trabalhadores, segue a abertura dos mesmos para a retirada das castanhas. A próxima etapa é o acondicionamento das sementes em sacas para seguir para o beneficiamento na fábrica. Em Rio Branco, uma das principais empresas revendedoras de castanhas e derivados é a Óleos da Amazônia (Olam). A usina beneficiadora da companhia possui tecnologia de ponta, permitindo a revenda de sementes sem defeitos para os mercados interno e externo. A empresa comercializa, além das castanhas inteiras ou fatiadas, torradas ou não, o óleo extravirgem extraído a frio das sementes.

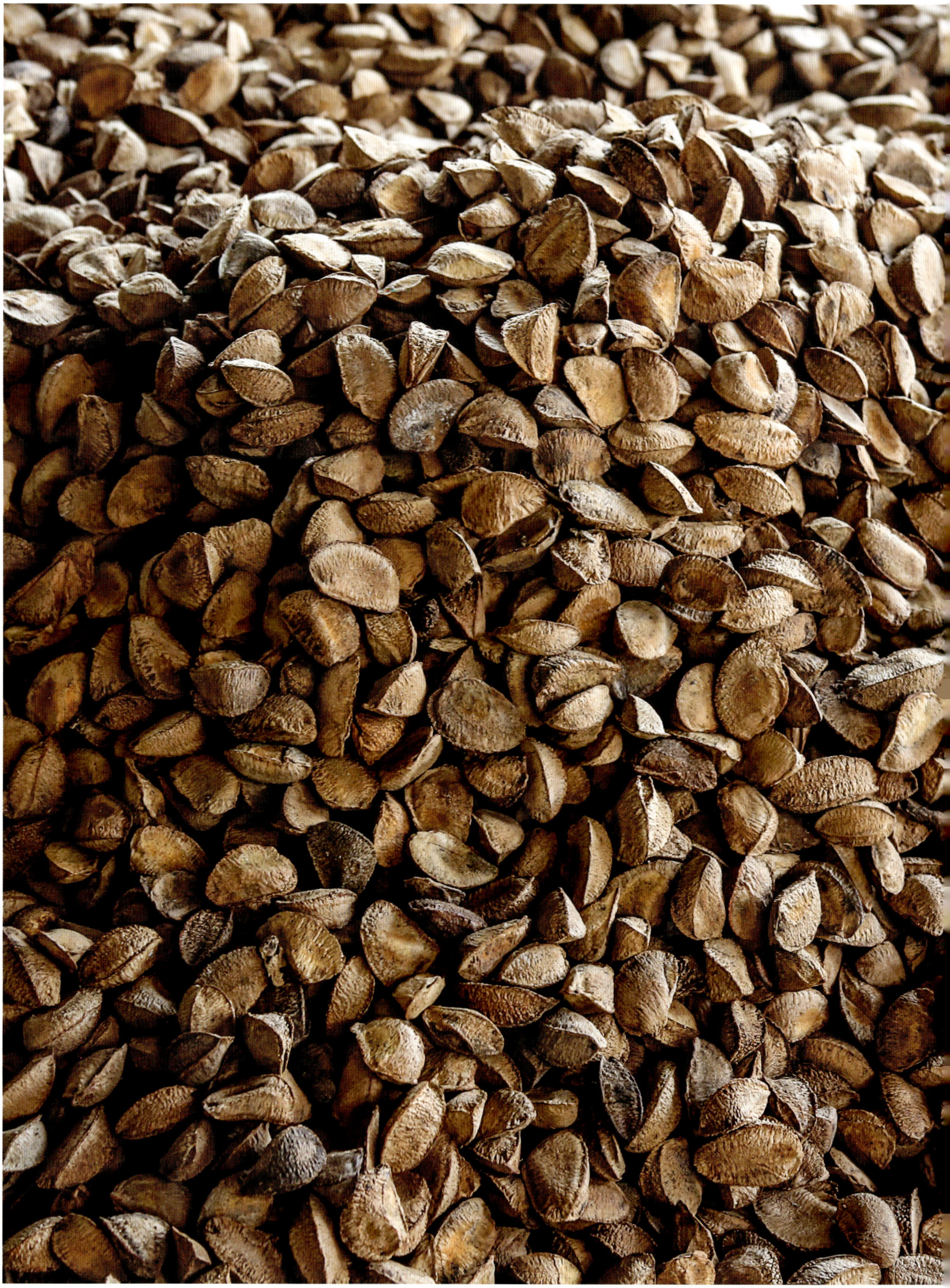

Beneficiamento de castanhas na Olam - Rio Branco, AC

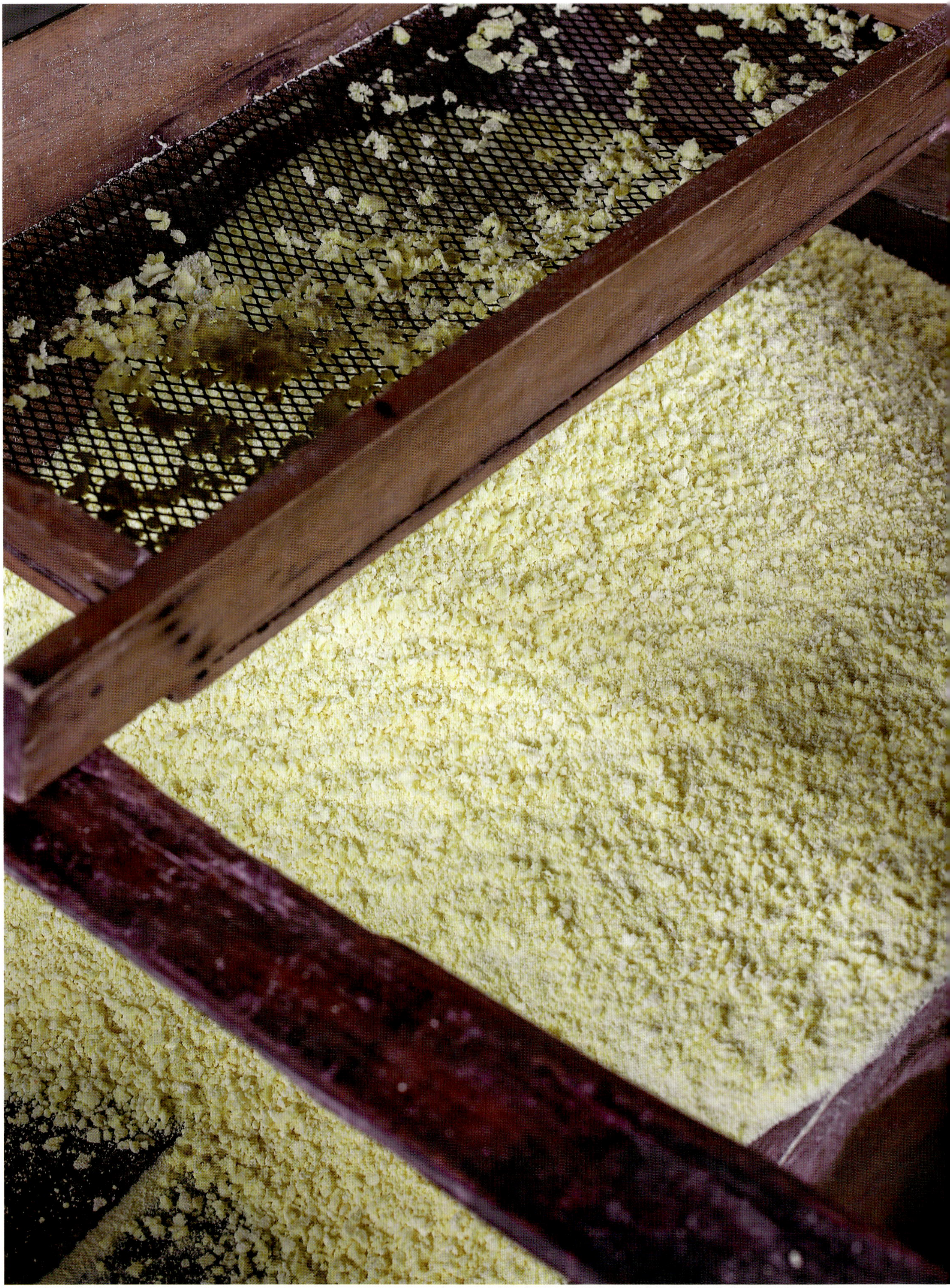

PRODUTOS & PRODUTORES

Farinha de Cruzeiro do Sul

Cruzeiro do Sul é a segunda maior cidade do Acre. Com pouco mais de 70 mil habitantes, está localizada a mais de 600 km da capital, no Vale do Juruá, oeste do estado. Na zona rural dessa localidade, em casebres às margens de rio ou à beira de estradas de terra, se produz uma farinha de mandioca que é considerada pelos especialistas como uma das melhores do Brasil. A farinha de Cruzeiro do Sul é um dos principais insumos agrícolas do Acre, gerando renda para milhares de pessoas que a produzem em casas de farinha do Vale do Juruá ou a comercializam em mercados na longínqua Rio Branco.

A produção da farinha em Cruzeiro do Sul teve início em meados dos anos 1900, quando imigrantes nordestinos chegaram à região para trabalhar em seringais. Com o tempo, ocorreram o aprimoramento da qualidade do produto e a transmissão de geração em geração do saber do ofício de farinheiro. O preparo da farinha se inicia com a retirada da mandioca do solo nas primeiras horas da madrugada. Nas casas de farinha, o tubérculo é descascado, limpo e triturado. A massa obtida é, então, prensada, antes de seguir para o tacho, onde é torrada. Seguem-se o resfriamento e o acondicionamento em sacos de ráfia. As características do produto são a cor levemente amarelada, a granulação de textura média e uma leve acidez na boca. Recentemente, uma parceria entre entidades públicas locais e associações de produtores deu início ao processo de obtenção do selo de Indicação Geográfica (IG) junto ao Instituto Nacional de Propriedade Industrial (INPI), com o intuito de dar o devido valor a esse importante produto artesanal brasileiro.

Casa de Farinha na zona rural de Cruzeiro do Sul, AC

103

Deoclesiano Brito é consultor de gastronomia em Rio Branco e consultor técnico em panificação e confeitaria, tendo atuado no setor de alimentos durante 28 anos. Foi o vencedor do Prêmio Dolmã pelo Estado do Acre, em 2015.

FAROFA DE CASTANHAS COM BANANA

Rendimento: 8 pessoas

ingredientes

350 g de farinha de mandioca de Cruzeiro do Sul
50 g de farinha de castanhas-do-brasil
100 g de manteiga sem sal
60 g de cebola picada
2 bananas-prata maduras em rodelas
30 g de castanhas-do-brasil em lâminas
Sal a gosto
Coentro picado a gosto

MODO DE PREPARO

Derreta a manteiga em uma frigideira e refogue a cebola. Acrescente as rodelas de banana e doure-as levemente. Junte as farinhas de mandioca e de castanha e mexa a mistura, sem parar, torrando-a até ficar bem crocante. Por fim, junte as lâminas de castanhas, o sal e o coentro.

105

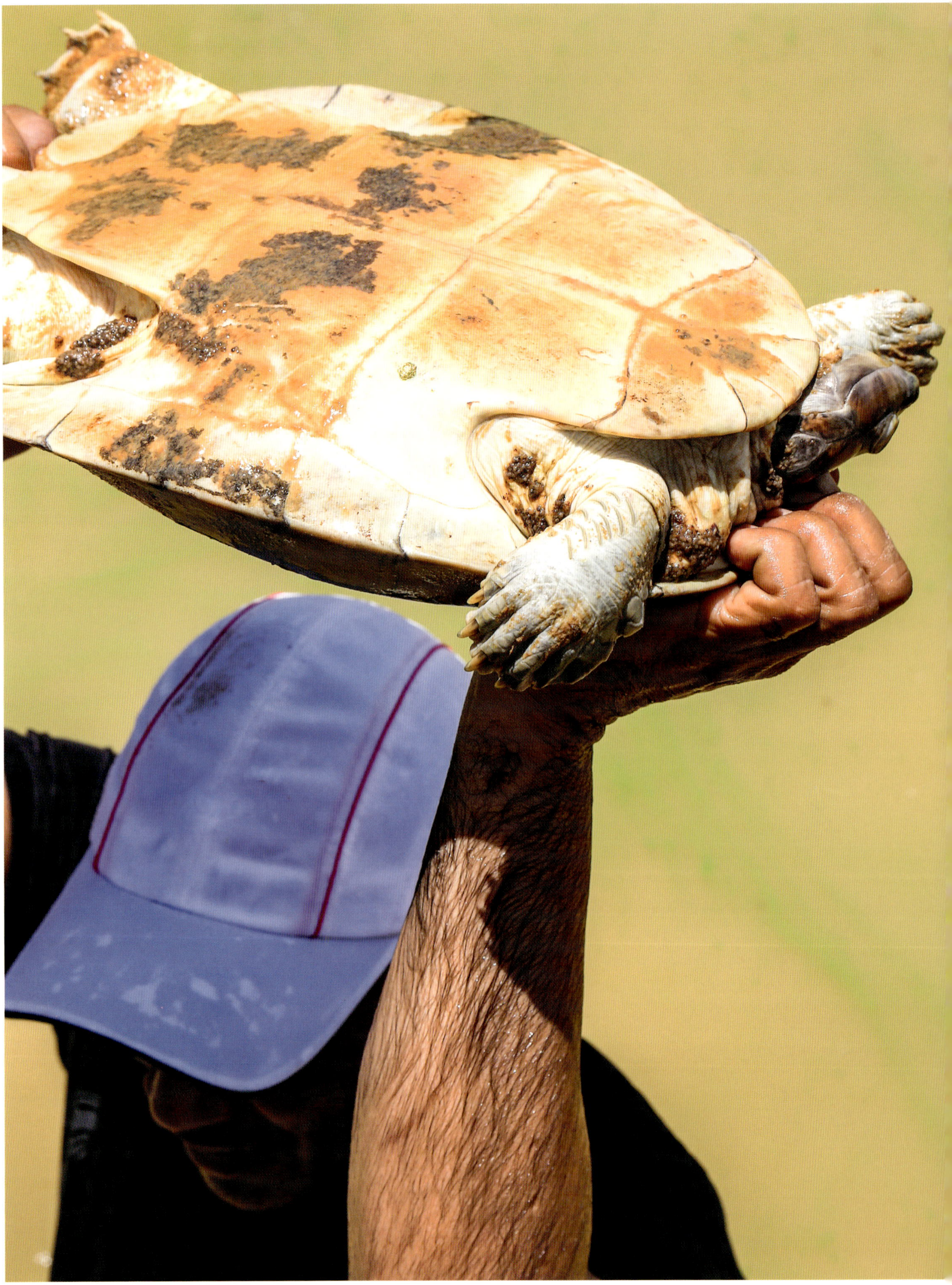

PRODUTOS & PRODUTORES

Carne de tartaruga

O consumo da carne de tartaruga pelos povos ribeirinhos do Amazonas é um costume secular. Entretanto, nos anos 1960, a ameaça de extinção de algumas espécies do quelônio obrigou o governo brasileiro a criminalizar a captura do espécime. Somente nos anos 1990 uma lei federal passou a permitir a criação dele em cativeiros fiscalizados pelo Ibama. Além de incentivar o combate ao comércio ilegal do animal, o decreto autorizou que os ribeirinhos, ou comensais de todo o Brasil, pudessem saborear uma carne cujas receitas são parte da identidade de um povo.
No município de Xapuri, a duas horas de carro de Rio Branco, está a Fazenda Três Meninas, onde há um criatório de tartarugas. Marilena de Araújo é proprietária do local e viúva do fundador, Miguel Fernandes. Ela conta: "manter viva a tradição de criar as tartarugas nos açudes e servi-las para nossos clientes é uma maneira de homenagear a memória do Miguel, pois ele adorava alimentá-las e vê-las crescer". A cozinheira do restaurante da fazenda, Zena, diz que aprendeu com a mãe, quando ainda era criança, a preparar tartarugas. "Ela preparava várias receitas, mas a que eu mais gostava era o sarapatel, feito com os miúdos e o sangue da tartaruga".
No local, sob encomenda, há a opção de três preparos feitos com a carne do animal: guisado, picadinho e farofa no casco. "Todos são deliciosos", garante Zena.

Restaurante da Fazenda Três Meninas - Xapuri, AC

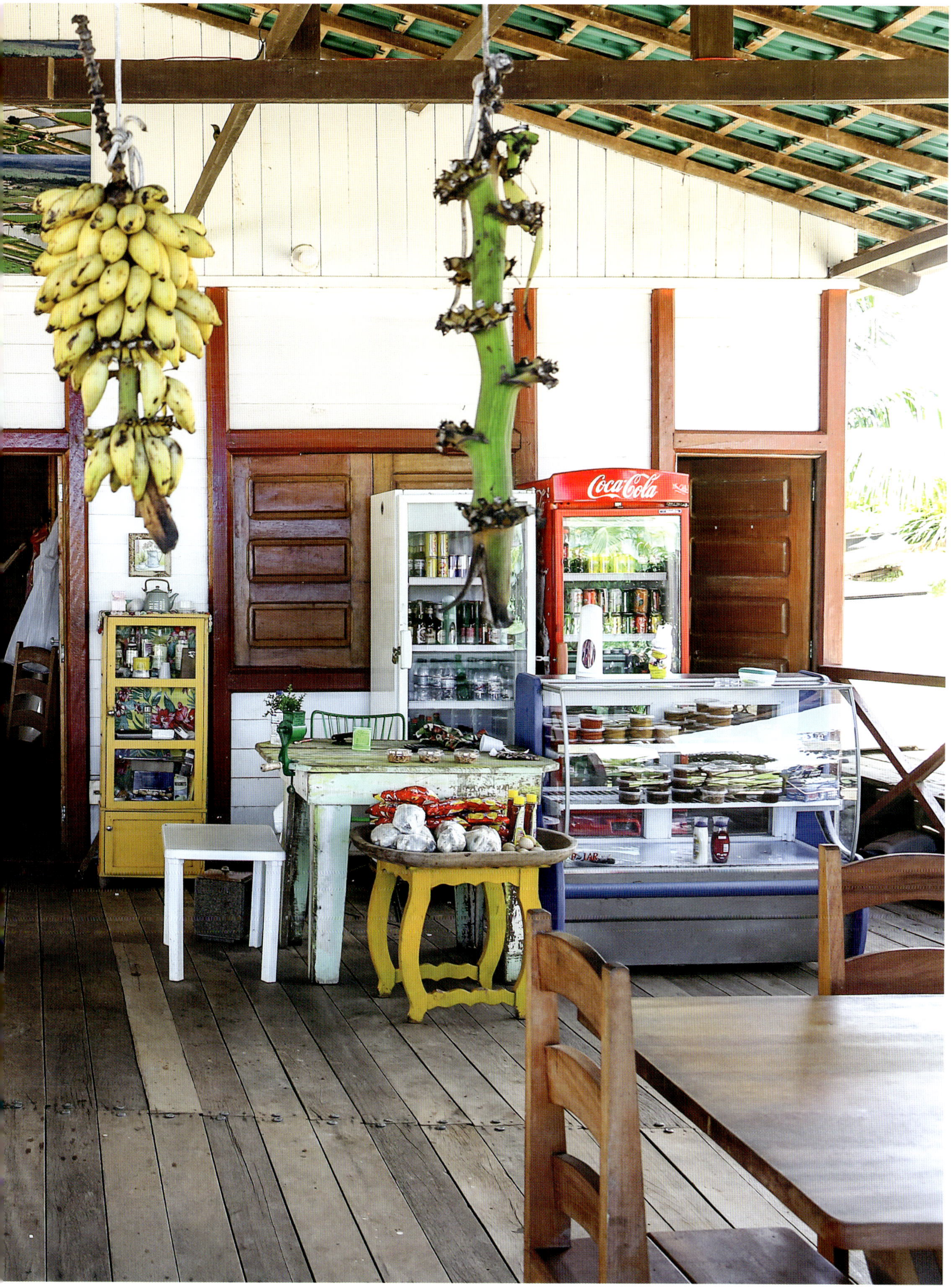
Coca-Cola

Zena é cozinheira do restaurante da Fazenda Três Meninas, em Xapuri. Aprendeu a abater e preparar tartarugas quando ainda criança, com a mãe.

PICADINHO, GUISADO E FAROFA DE TARTARUGA

Rendimento: 12 a 16 pessoas

ingredientes

1 tartaruga-da-amazônia de aproximadamente 10 kg

PICADINHO

1 cebola picada
4 dentes de alho picados
1 colher (sopa) de colorau
2 folhas de louro
Sal e Pimenta-do-reino a gosto
Cheiro-verde

GUISADO

1 cebola picada
4 dentes de alho picados
1 colher (sopa) de colorau
2 folhas de louro
Sal e Pimenta-do-reino a gosto

FAROFA

2 colheres (sopa) de manteiga
½ cebola picadinha
Sal a gosto
Cheiro-verde

MODO DE PREPARO

Picadinho • Desosse a tartaruga e separe as carnes que não têm ossos. Escalde em água quente e pique as carnes na ponta da faca. O fígado também deve ser utilizado e deve ser picado. Refogue no azeite, em uma panela: cebola, alho, colorau. Junte as carnes, folhas de louro, sal e pimenta-do-reino a gosto. Vá refogando a carne, pingando água quente de pouco em pouco, para cozinhar. Esse processo deve levar cerca de 20 minutos. Cheque o sal. Junte o cheiro-verde picado e sirva. • **Guisado** • Apanhe os pedaços de carne da tartaruga que tenham ossos (pés, pescoço etc.). Refogue no azeite, em uma panela de pressão: cebola, alho, colorau. Junte as carnes, as folhas de louro, o sal e a pimenta-do-reino a gosto. Cubra as carnes com água, feche a panela e cozinhe a mistura sob pressão, por 20 minutos. Despressurize a panela e cozinhe os ingredientes, sem tampa, por outros 10 minutos, para encorpar o molho. Cheque o sal e sirva. • **Farofa** • Leve o casco da tartaruga ao forno para soltar a gordura e dourar as carnes que nele ficaram presas. Em uma frigideira, refogue na manteiga a cebola e junte a farinha. Passe a farofa, de pouco em pouco, para o casco, misturando bem e raspando as carnes do casco. Cheque o sal, junte o cheiro-verde e sirva.

111

Serviço

COOPERATIVA DOS PRODUTORES DE AÇAFRÃO DE MARA ROSA
CAFÉ DA TOINHA
(68) 3224-0915
Rua Coronel Alexandrino, 660, Bosque
Rio Branco - AC

CASTANHA DO BRASIL
OLAM ACRE
(68) 3224-6482
Rua do Aviário, 448, Aviário
Rio Branco - AC

FARINHA DE CRUZEIRO DO SUL
COOPERFARINHA (Cooperativa Nova Aliança dos Produtores de Farinha do Vale do Juruá)
(68) 3322-6534

FAZENDA TRÊS MENINAS DO IRACEMA
RESTAURANTE SABOR DA LAGOA
(68) 3015-5363 / (68) 3542-2017
BR 317, km 120 (Sentido Brasileia)
Xapuri - AC

Rio Branco, AC

Barracas de pirarucu seco na BR-364

RONDÔNIA

Rondônia

Rondônia é um dos estados mais jovens do país. Fundado em 1982, é o único do Brasil cujo nome é homenagem a uma importante personalidade brasileira, o desbravador Marechal Rondon. No vasto território, é possível encontrar criatórios de pirarucu – peixe-símbolo da região amazônica – e de rã, anfíbio cuja carne é considerada saborosíssima por vários chefs. Em Porto Velho, uma pequena lanchonete de esquina serve há mais de 50 anos um bolo que se tornou tradição na capital.

Trem na Estação de Ferro Madeira-Mamoré Porto Velho, RO

Deque de observação da EFMM - Rio Branco, RO

Ranário em Monte Negro, RO

Rio Madeira em Porto Velho, RO

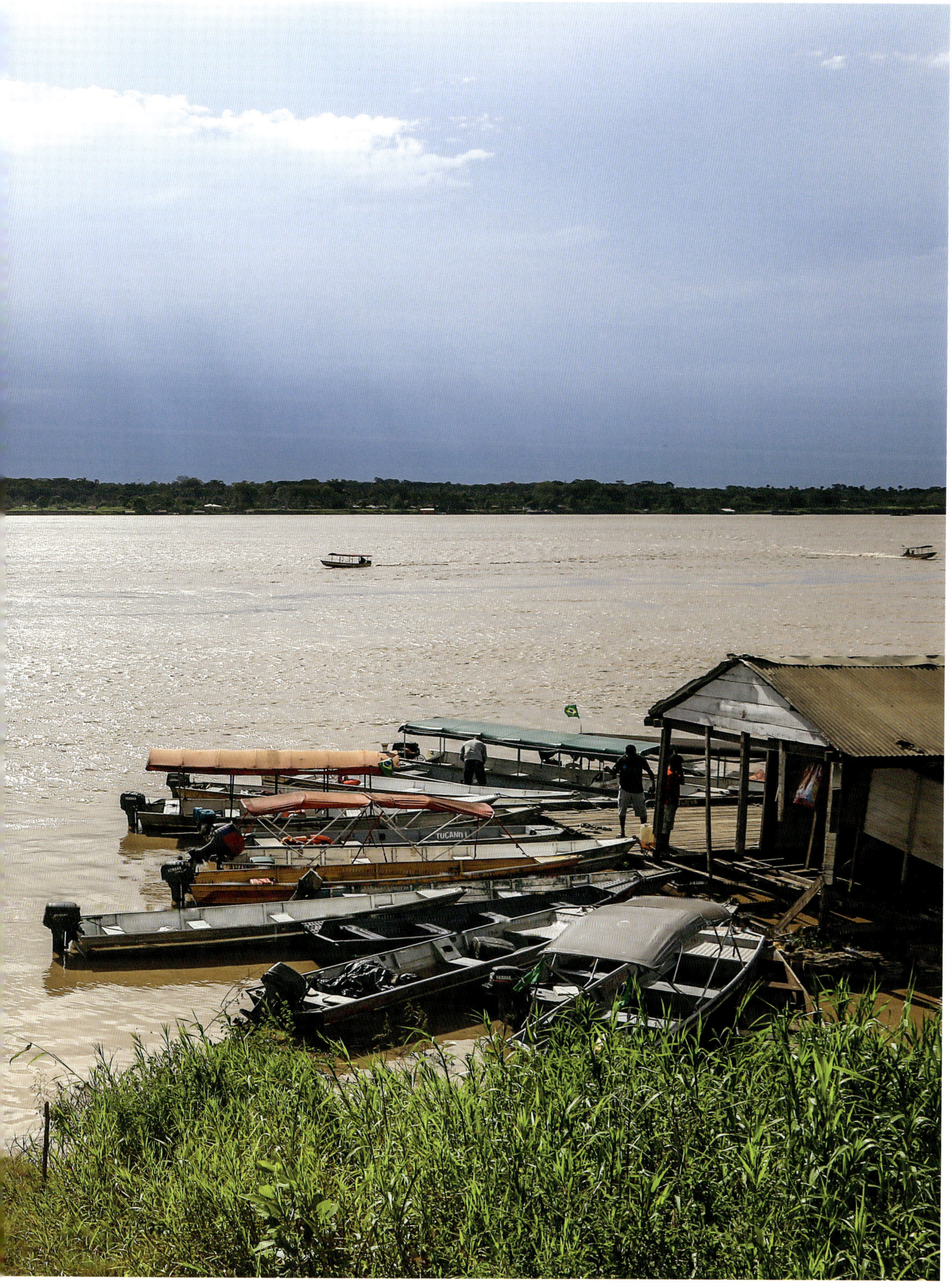
TUCANO I

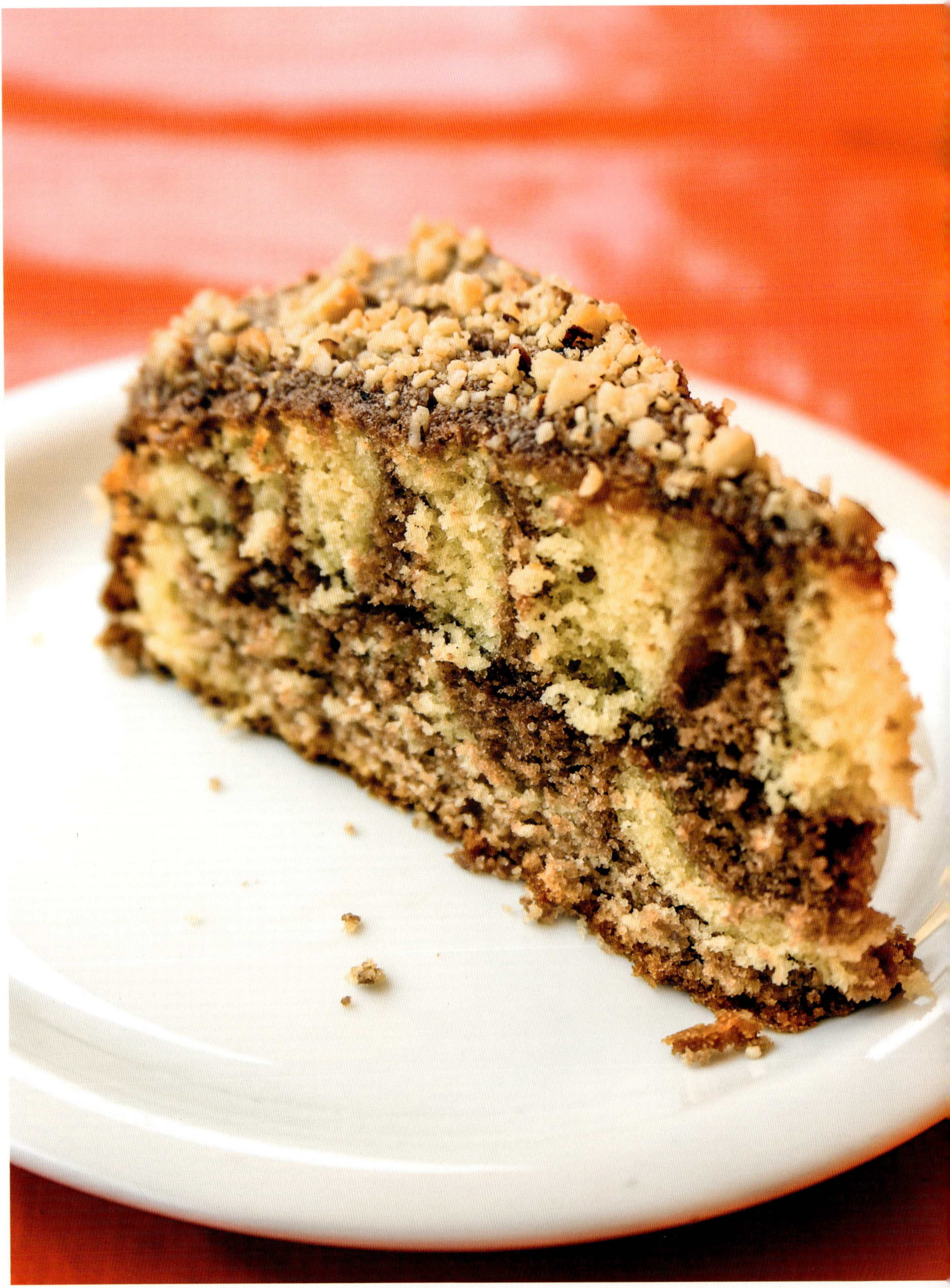

HISTÓRIAS E TRADIÇÕES

Bolo moca

O Bar do Canto foi fundado em 1959 e está no centro de Porto Velho, próximo da catedral e da faculdade da cidade. O local se tornou uma referência na capital por servir como ponto de encontro de estudantes, comerciantes e donas de casa no fim da tarde. Antes de seguirem para casa, as pessoas se reúnem no estabelecimento para fazer um lanche com algum dos salgados da vitrine, como saltenha, quibe ou coxinha. Porém, é na hora de fechar a refeição que se nota uma semelhança entre o pedido de todos: uma fatia de bolo moca.
O bolo moca do Bar do Canto se tornou uma tradição dos porto-velhenses devido à longevidade de produção e ao sabor popular. Produzido da mesma maneira há décadas, pelas confeiteiras do Bar do Canto, o bolo consiste em uma massa de pão de ló recheada e coberta com um creme de manteiga e açúcar aromatizado com café solúvel. Por cima, para concluir o preparo, espalham-se castanhas-do-brasil trituradas.

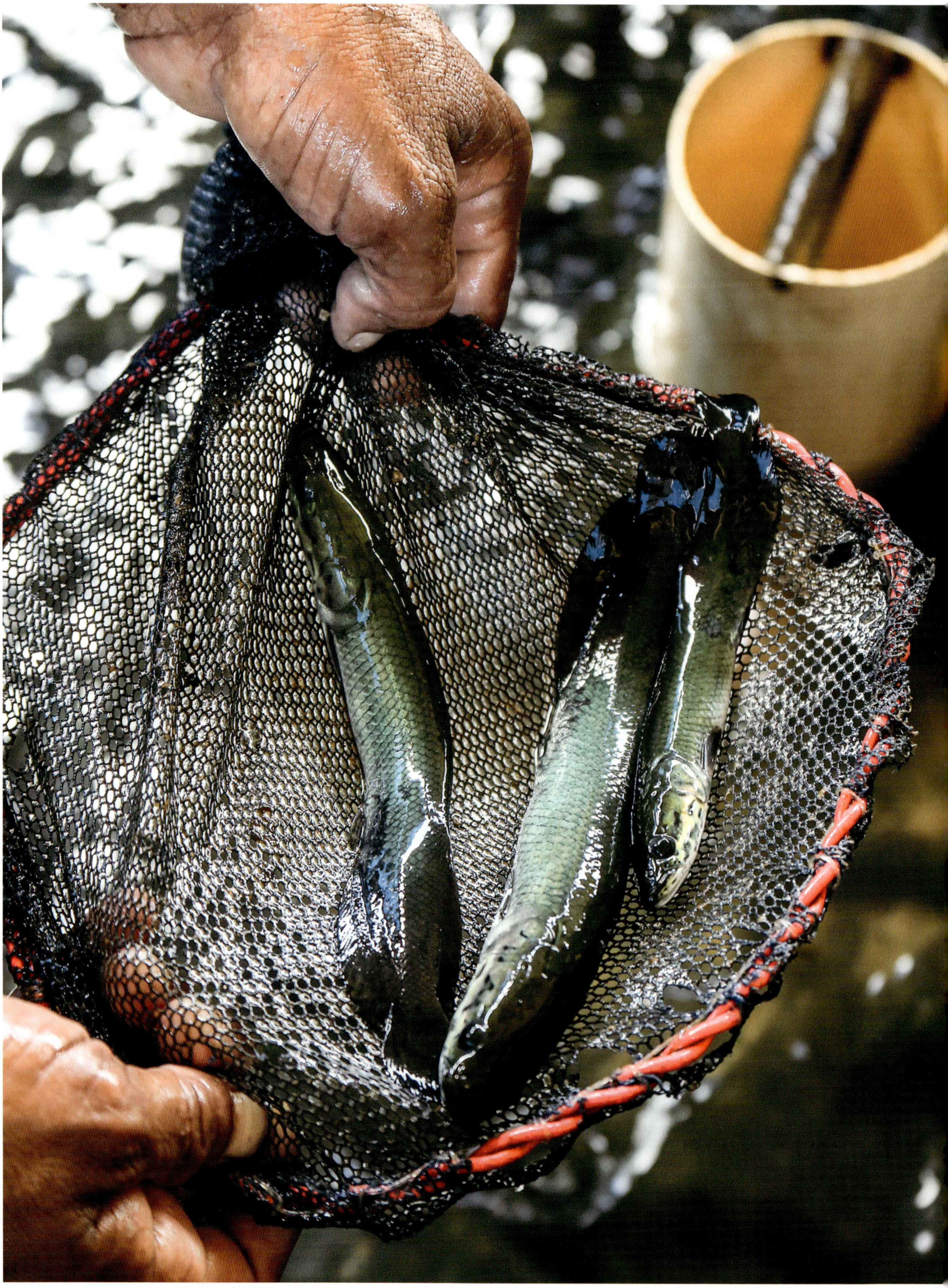

PRODUTOS & PRODUTORES

Pirarucu

O pirarucu é uma das maiores espécies de peixe com escamas de água doce do mundo. Quando adulto, pode medir mais de 2 m de comprimento e pesar mais de 100 kg. Seu *habitat* são os lagos, igarapés e rios de águas claras e calmas da bacia amazônica. Por ser onívoro, alimenta-se de pequenos peixes, insetos, moluscos, e frutas que caem na água. Devido à pesca predatória e à baixa reprodução natural da espécie, corre risco de extinção. Com isso, de alguns anos para cá, houve um incentivo de agentes públicos para o desenvolvimento e o aprimoramento de técnicas de criação de pirarucu em cativeiro.
Rondônia é um dos estados que lideram o ranking nacional de produção de peixes de água doce em cativeiro. Em Cacaulândia, o produtor Cloves Argolo explica que o pirarucu gosta de água bastante oxigenada e ligeiramente alcalina. Ele explica que o crescimento da espécie se dá com o fornecimento de zooplâncton, um minúsculo crustáceo, como alimentação para os filhotes de até 20 cm. Ao atingirem o peso de 1 kg, acontece a transferência deles para tanques maiores de engorda, respeitando a densidade de um peixe para cada 10 m². Cloves conta que o pirarucu leva aproximadamente cinco anos até atingir 40 kg, quando, então, pode ser abatido. Sobre o consumo do animal, diz que tem predileção pelo "pirarucu grelhado servido com um limão espremido, arroz e farinha. Muitos também adoram o pirarucu salgado – cortado em mantas e curado no sal, em processo semelhante ao do bacalhau – feito no forno com muito azeite e batatas", conclui.

Produtor rural Cloves Argolo

Tanques de pirarucu
Cacaulândia, RO

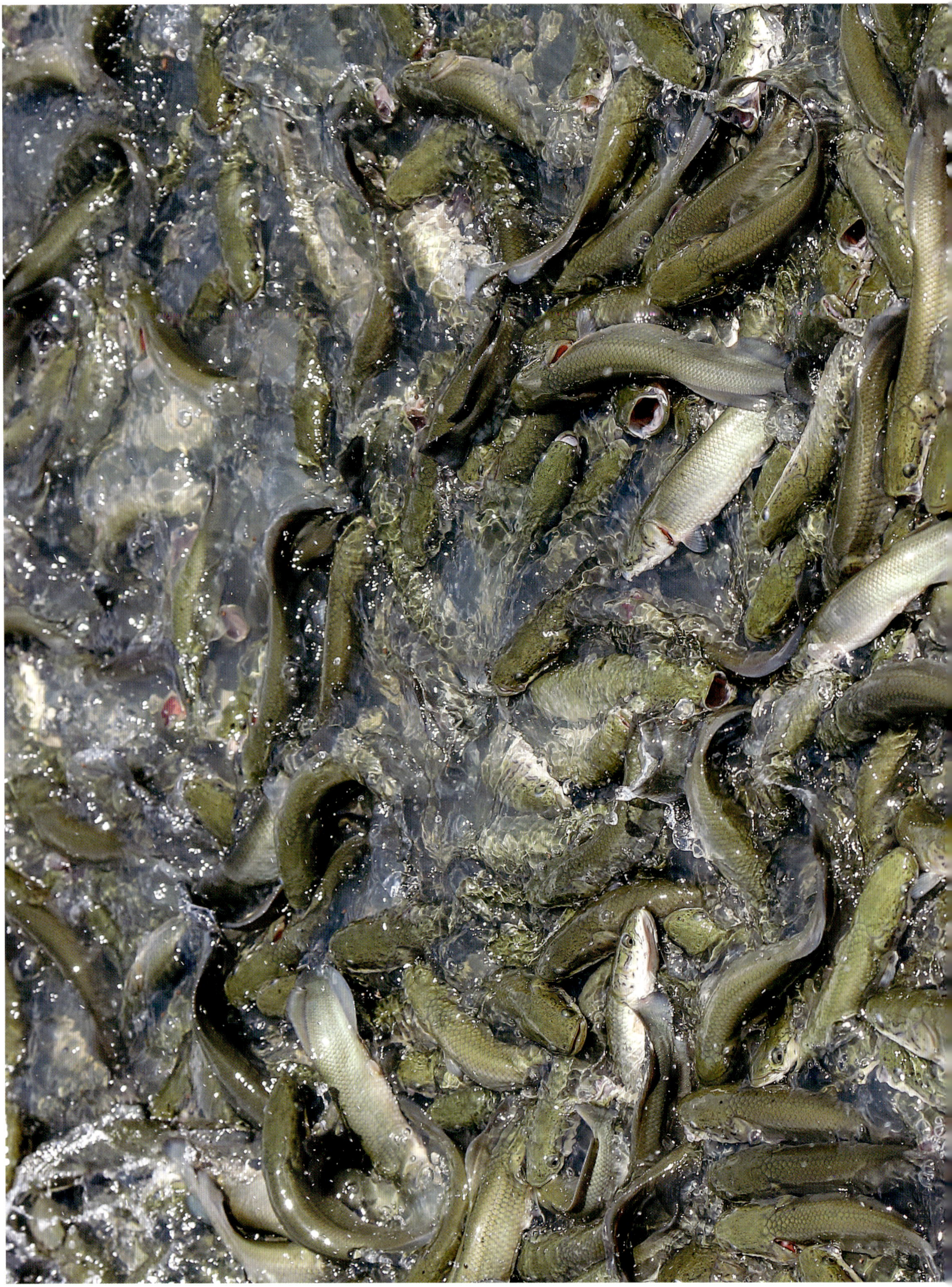

Filhotes de pirarucu

Diogo Sabião é chef-proprietário do restaurante Jarude, especializado em culinária árabe, em Porto Velho.

PIRARUCU AO MOLHO DE TUCUPI COM CROCANTE DE CASTANHAS E JAMBU

Rendimento: 2 pessoas

ingredientes

400 g de filé de pirarucu
1 maço de jambu
250 ml de tucupi
100 g de castanhas em lâminas
300 g de manteiga
100 g de mel
5 dentes de alho
Sal e pimenta a gosto

MODO DE PREPARO

Molho • Doure na manteiga um dente de alho picado. Junte metade do jambu e refogue-o. Coloque o tucupi e deixe a mistura ferver em fogo baixo, por 20 minutos. Acrescente o mel, corrija o sal e deixe-a reduzir. • **Crocante de castanhas** • Doure na manteiga um dente de alho picado. Junte as castanhas e refogue-as. Junte o restante do jambu. Misture-os e reserve-os. • **Peixe** • Doure o peixe na manteiga de ambos os lados. Leve-o ao forno, para terminar o cozimento. Retire o peixe do forno e deixe-o descansar por 2 minutos. Sirva-o por cima do crocante e regue-o com o molho.

131

132

PRODUTOS & PRODUTORES

Carne de rã

A carne de rã ainda é considerada exótica por muitos brasileiros. Porém, poucos sabem que o país é um dos maiores criadores de rãs do mundo, apesar do baixo consumo por parte dos brasileiros. Como características, a carne apresenta baixos teores de gordura e de colesterol e alta digestibilidade. O preço dela no mercado é elevado – cerca de R$ 60 o quilo – devido à baixa demanda.
Em Monte Negro, o produtor agrícola Ivanilto Cunha possui um criatório de rãs nos fundos de casa. Ele explica que o crescimento da produção depende do controle de temperatura, umidade e de entrada de luz no criatório. "A rã é um anfíbio, e, com isso, a temperatura corporal dela muda conforme a do ambiente", explica. Sobre a espécie que cria, Ivanilto diz ser a "touro, que é a que melhor se adaptou ao Brasil". Outras necessidades são a fartura de água limpa e alimentação composta de ração para peixes carnívoros. "Infelizmente não existe uma ração pensada exclusivamente para a rã. O jeito, então, é dar a mesma de peixes que comem carne, que é bem cara e eleva o preço de custo da criação", conta o produtor. Ivanilto revela que a rã atinge o ponto de abate ao pesar 250 g, o que pode leva cerca de 10 meses, se a contagem é feita desde a fase de girino. Tratando-se do preparo, ele diz que gosta dela "fritinha à dorê", feita pela esposa, Rose. "Mas é uma carne que dá para fazer de tudo que é jeito: no forno, refogada na panela, ou picadinha e misturada na farinha ou no arroz, e até em pratos mais chiques, como estrogonofe ou risoto".

Ranário em Monte Negro, RO

Rã à dorê

Rondônia

Serviço

BAR DO CANTO
(69) 3229-3661
Rua Júlio Castilho, 485, Centro
Porto Velho - RO

PIRARUCU
Produtor Cloves Argolo
(69) 98111-1978
Chácara Poney II
Cacaulândia - RO

RESTAURANTE JARUDE
(69) 3221-8178
Rua Marechal Deodoro, 2897, Olaria
Porto Velho - RO

CARNE DE RÃ
PRODUTOR IVANILTO CUNHA
(69) 99919-8393 / (69) 99600-0462
Monte Negro - RO

Caixas d'água da EFMM
Porto Velho, RO

Caribéu do Restaurante Comitiva do Helinho - Campo Grande, MS

MATO GROSSO DO SUL

MATO GROSSO DO SUL

O Mato Grosso do Sul abriga dois terços do Pantanal Mato-Grossense, maior planície alagável do mundo e patrimônio natural da humanidade pela Unesco, possui uma culinária diversificada, fruto de influências estrangeiras, herança indígena e do conhecimento de peões boiadeiros. Em Campo Grande, um dos principais programas das famílias no fim de semana é ir à feira central para tomar sobá. Já no "Mercadão" da capital pode-se provar a sopa paraguaia, a chipa e o tererê: heranças alimentícias da convivência dos sul-mato-grossenses com os paraguaios. No Restaurante Comitiva do Helinho, os pratos servidos são os mesmos das comitivas de vaqueiros no Pantanal, como arroz de carreteiro e feijão gordo. Na cidade de Maracaju, uma linguiça feita com carne de boi e suco de laranja possui o selo de Identificação Geográfica (IG). Nas proximidades de Bonito, no Recanto Ecológico Rio do Prata, um doce de leite caseiro encanta os turistas. Em Corumbá, a capital do Pantanal, existe um criatório de jacarés que comercializa a carne do animal e um restaurante rural onde a paçoca de carne é feita na presença dos clientes. Já nos passeios de barco pelo Pantanal, pode-se provar receitas feitas com carne de piranha.

Boi nelore na Fazenda Água Tirada
Maracaju, MS

Anoitecer no Rio Paraguai - Corumbá, MS

Erva para tererê

Carnes para preparo da Linguiça maracaju - Maracaju, MS

145

146

MATO
GROSSO
DO SUL

HISTÓRIAS E TRADIÇÕES

Sobá na Feira Central

O sobá, um dos pratos mais populares de Campo Grande, tem origem na imigração de japoneses vindos da província de Okinawa, no início do século 20. Tombado como patrimônio cultural e imaterial do município, consiste em uma espécie de caldo – feito com ossos de porco, shoyu, saquê e gengibre – servido em uma tigela com macarrão, fatias de carne – geralmente porco, mas podendo ser substituído por boi, frango e peixe –, omelete e cebolinha.

O local mais tradicional para prová-lo é a Feira Central, mais conhecida como "feirona", nas noites de quartas e nos finais de semana. Apesar de a feira agregar centenas de bancas de hortifrutigranjeiros e lojas de artesanato, a principal atração do lugar são as dezenas de sobarias. Níria Katsuren é descendente de japoneses e dona da Barraca da Níria. Ela explica que antigamente apenas os imigrantes, de maneira reservada, consumiam o sobá. Com o passar do tempo, os curiosos campo-grandenses quiseram prová-lo e o adoraram. "Hoje, todo mundo na cidade toma o sobá. Ir à feira e pedir uma tigela se tornou programa obrigatório de muitas famílias no fim de semana", conta Níria.

Feira Central - Campo Grande, MS

Dona Níria Katsuren

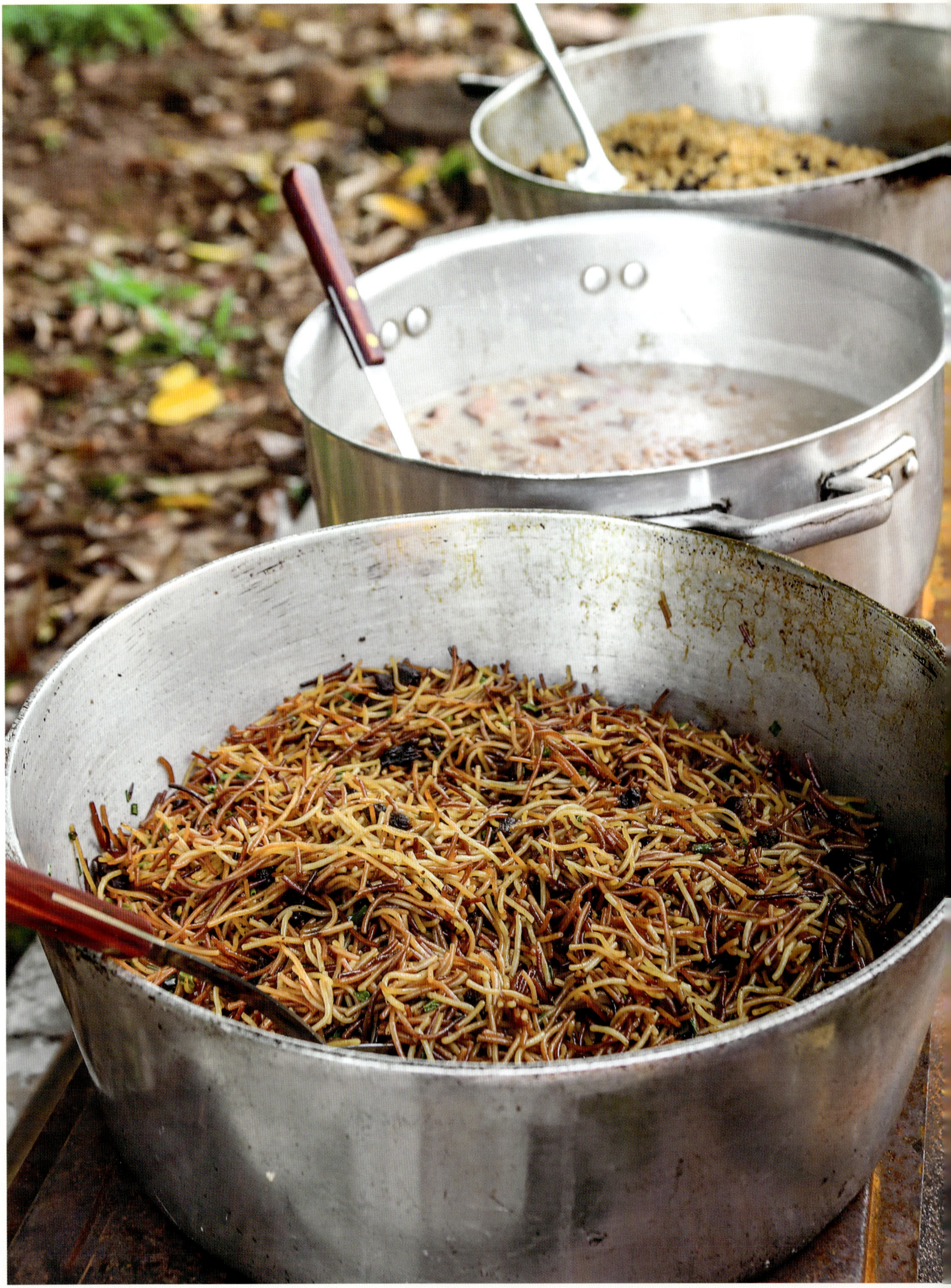

150

MATO
GROSSO
DO SUL

HISTÓRIAS E TRADIÇÕES

Comida de comitiva

Um dos principais símbolos da cozinha do Mato Grosso do Sul é a comida de comitiva. Por ser um estado intimamente ligado ao manejo do gado, lá, o papel do vaqueiro se faz presente também na culinária. A comitiva pode ser definida como o grupo de peões responsável por levar os bois das áreas alagadas para as secas em época da cheia. Como a jornada de trabalho é árdua e longa, tornou-se fundamental desenvolver uma alimentação que dê sustança e utilize ingredientes não perecíveis, como grãos, cereais e carnes secas.
Hélio Lopes foi cozinheiro de comitiva por muitos anos. Mais conhecido como "Helinho", hoje ele é o proprietário do Restaurante Comitiva do Helinho, em Campo Grande. Ele explica que a comitiva costuma ser formada pelo ponteiro – um peão experiente que lidera o grupo e controla o ritmo –, pelos rebatedores - que devem cercar os bois e não permitir que se dispersem –, pelos culateiros – que vão à retaguarda, guiando os animais que se separaram do grupo, e, é claro, pelo cozinheiro – que conduz os animais que levam os utensílios de cozinha e alimentos. Sobre os ingredientes que nunca podem faltar numa comitiva, diz ser: "alho, macarrão, feijão, bacon, banha de porco ou óleo, arroz e carne de sol". Já com relação aos pratos, revela os fundamentais: "feijão gordo – feito com muito bacon –, macarrão de comitiva - temperado com bastante alho e carne de sol picada –, caribéu – um ensopado de mandioca com carne – e arroz de carreteiro". Para beber, pode ter cachaça, café ou tererê – bebida feita da infusão de água gelada e erva-mate. "E, dependendo da ocasião, tem um pedaço de rapadura para fechar a refeição", conclui Helinho.

Cozinheiro Hélio Lopes

153

Paulo Machado é um estudioso da cozinha pantaneira e fundador do Instituto Paulo Machado, em Campo Grande. É consultor de gastronomia e realiza viagens gastronômicas pelo Brasil e pelo mundo. Já palestrou nos principais eventos de gastronomia do Brasil, sempre divulgando a culinária sul-mato-grossense.

PUCHERO PANTANEIRO

Rendimento: 6 porções

ingredientes

300 gramas de músculo em cubos médios

700 gramas de costela bovina, com osso, em cubos grandes (utiliza-se também a carne do espinhaço c/ osso)

100 gramas de bacon

4 colheres (sopa) de azeite de oliva

4 limões cravo (suco)

1 cebola grande picada

3 dentes de alho socados no pilão

2 pimentas-bodinho (com sementes) amassada

2 folhas de louro

3 tomates (sem sementes) picados

1 paio em rodelas

1 cenoura em rodelas

1 batata doce em rodelas

300 g de mandioca descascada e cortada em bastões

5 folhas de repolho em chifonade

1/2 pimentão vermelho (sem sementes) em cubinhos

salsinha e cebolinha picadas a gosto

hortelã picada a gosto

3 peras inteiras, descascadas

1 colher (sopa) de colorau

2,5 litros de água quente

sal a gosto

MODO DE PREPARO

Tempere a carne bovina com o suco de limão e o alho socado no pilão com a pimenta bodinho. Numa panela, coloque metade do azeite e refogue o músculo, a costela e o bacon. Junte a cebola e as folhas de louro. Refogue. Acrescente o tomate, o colorau e a água quente e deixe cozinhar, em fogo baixo e com a panela semi-tampada, até as carnes ficarem macias.

Numa frigideira, junte o restante do azeite e salteie o paio e, depois, junte-o às carnes. Acrescente a cenoura, o pimentão, a batata doce e a mandioca.

Numa panela pequena, coloque as peras inteiras e três conchas do caldo do puchero. Junte água até cobrir as peras e deixe que cozinhem até ficarem macias. Reserve.

Quando os legumes estiverem cozidos, acrescente o repolho e tampe a panela. Cozinhe por 3 minutos em fogo baixo. No momento de servir, corte as peras ao meio. Junte a salsinha, a hortelã e a cebolinha.

155

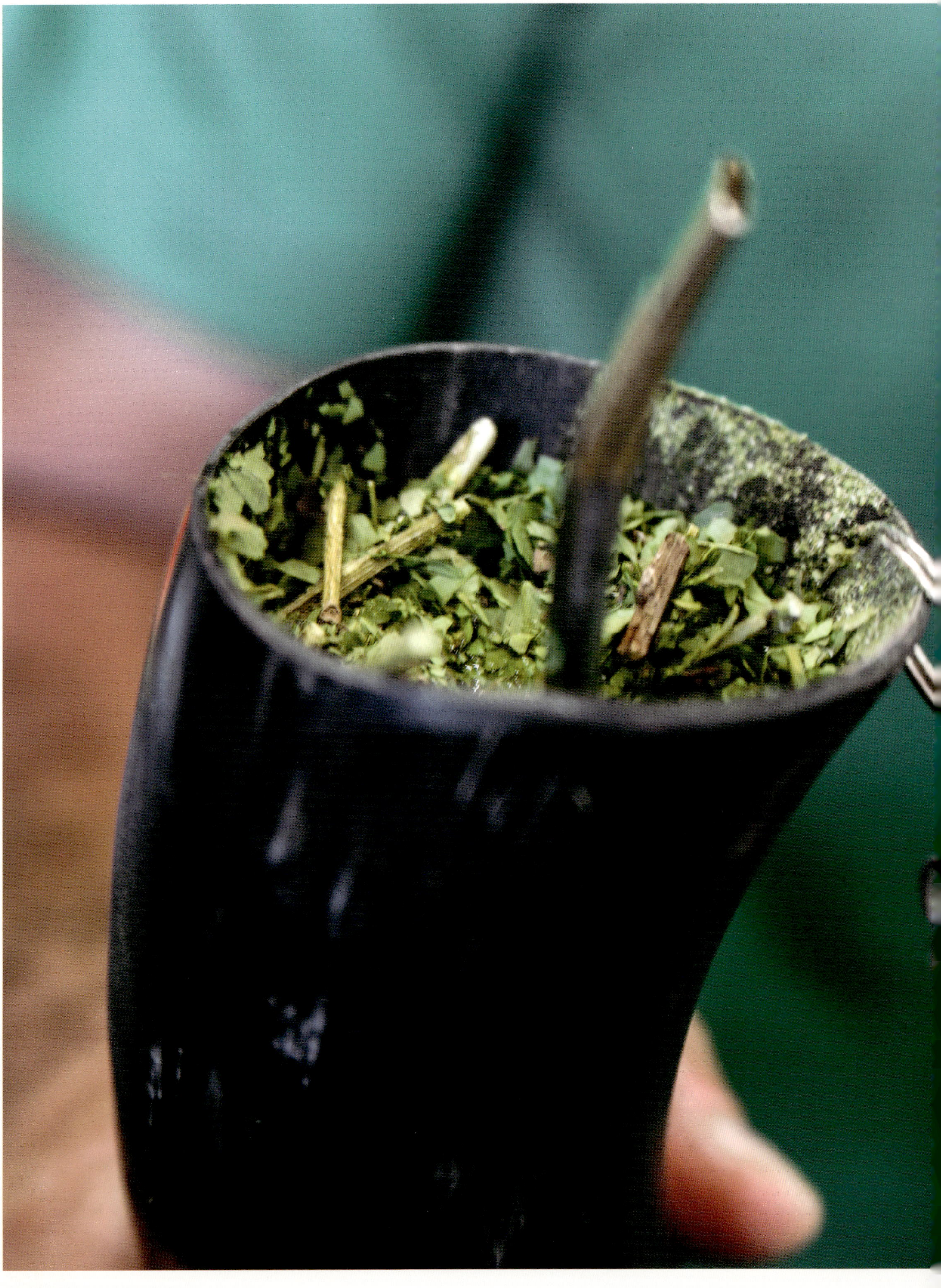

MATO
GROSSO
DO SUL

HISTÓRIAS E TRADIÇÕES

Tererê

O tererê, ou tereré, é bebida-símbolo do Mato Grosso do Sul e patrimônio cultural e imaterial do estado desde 2010. Feita da infusão de água gelada e erva-mate, tem o preparo registrado no Livro dos Saberes, que valoriza as tradições passadas entre as gerações e os fatores identitários de um povo. A origem do tererê se encontra nos povos guaranis, e a tradição de prepará-lo com água gelada – ao contrário do que acontece com o chimarrão – se deve aos paraguaios. Reza a lenda que, durante a Guerra do Chaco, uma tropa de soldados teria sorvido a infusão fria, para não acender uma fogueira e, consequentemente, acusar a localização em que estava. Atualmente, segundo historiadores, as chamadas "rodas de tereré" – ocasião em que a bebida é compartilhada – eliminam as diferenças sociais e aproximam as pessoas.

No Mercado Municipal Antônio Valente, em Campo Grande, há dezenas de bancas que comercializam queijos, frutas, legumes, doces, carnes, peixes e, evidentemente, erva-mate. Essa pode ser comprada de tudo que é jeito: mais grossa ou menos grossa, mais fresca ou menos fresca, com sabores inusitados – como menta, uva, abacaxi, limão e até tutti-frutti – ou não. Na Barraca da Gleice, o comerciante Gílson explica que as principais características da bebida são a refrescância e os efeitos revigorantes devido ao alto teor de cafeína. "A erva do tererê é triturada mais grossa que a do chimarrão", explica Gílson. "Isso acaba evitando o entupimento da bomba. Outra diferença é que o tererê costuma ser preparado na guampa – um chifre de boi – e o chimarrão, em uma cuia", finaliza o vendedor.

Mercado Municipal Antônio Valente - Campo Grande, MS

159

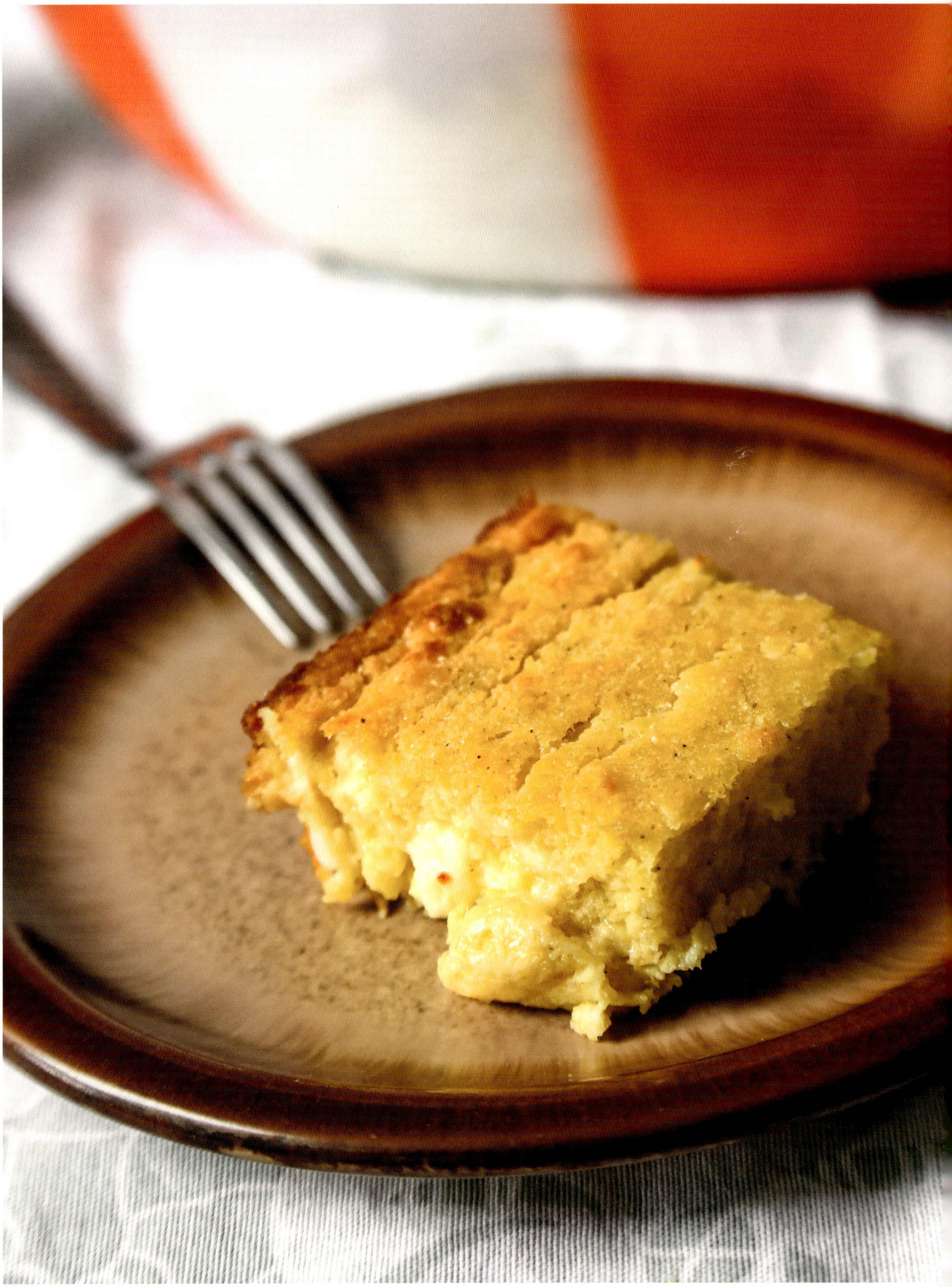

MATO
GROSSO
DO SUL

HISTÓRIAS E TRADIÇÕES

Sopa paraguaia

A sopa paraguaia, ao contrário do que muitos possam pensar, não deve ser sorvida de colher, em dias mais frios. Encontrada em inúmeros estabelecimentos do Mato Grosso do Sul, como lanchonetes e padarias, consiste em um bolo salgado, em formato retangular, feito à base de milho, ovos, cebola e queijo. Assim como a chipa e o tererê, a sopa paraguaia é um exemplo da influência exercida pela culinária paraguaia na região sul-mato-grossense, devido à origem e à popularidade que a receita possui no país vizinho.

Reza a lenda que o surgimento da sopa ocorreu durante o governo de Don Carlos Antonio López, presidente do Paraguai entre 1841 e 1862. Era sabido que o político adorava uma sopa chamada tykueti, feita com farinha de milho. Dizem que a cozinheira dele, em determinada ocasião, teria esquecido a sopa no fogo, secando-a. O resultado foi um bolo salgado. Entretanto, apesar do erro, a cozinheira decidiu oferecer a "sopa" ao presidente, que, por sinal, gostou do sabor, aprovando-a.

162

MATO
GROSSO
DO SUL

HISTÓRIAS E TRADIÇÕES

Chipa

A chipa é uma espécie de biscoito assado feito com polvilho, ovos e queijo. Muitos que o provam pela primeira vez associam o sabor dele ao do pão de queijo. Entretanto, ao invés de ele ser moldado em pequenas bolas, recebe o formato de uma ferradura. A origem da chipa, assim como de outros símbolos sul-mato-grossenses, como a sopa paraguaia e o tererê, remete ao Paraguai.

Dona Domingas é paraguaia e trabalha em casas de família em Campo Grande, há anos. Ela conta que no país em que nasceu é uma tradição de várias famílias preparar a chipa durante a Semana Santa. "É assim que a receita se mantém viva de geração em geração, com a mãe ensinando a filha a preparar a chipa durante as comemorações religiosas", conta Domingas. "Uma diferença que percebo haver no Brasil em relação ao Paraguai é que aqui muita gente gosta de comer a chipa no fim da tarde, com refrigerante ou café. Lá, comemos ao longo de todo o dia, até na hora do almoço, e acompanhada de chá", diz, sorrindo.

Preparo da chipa

165

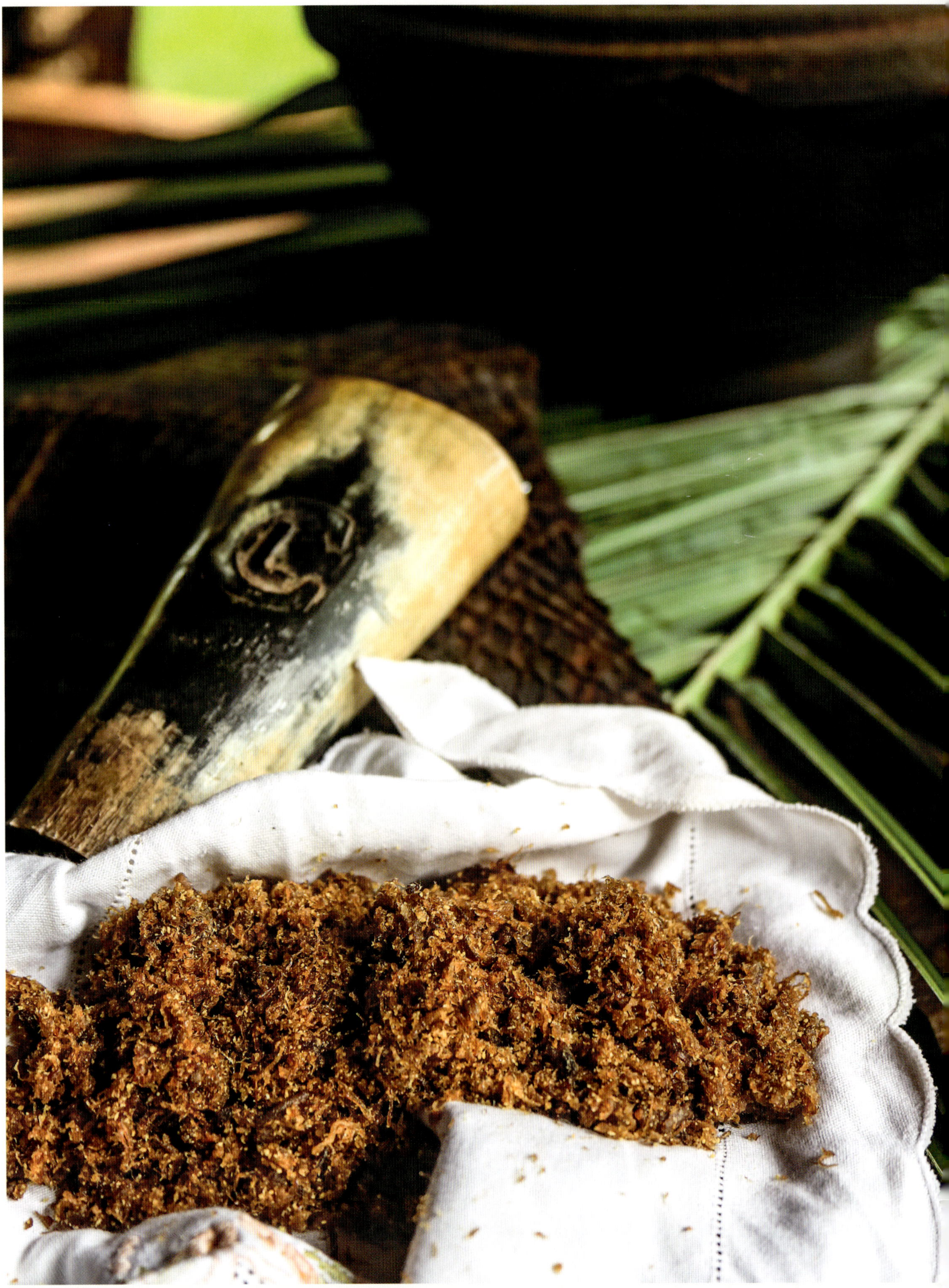

MATO GROSSO DO SUL

HISTÓRIAS E TRADIÇÕES

Paçoca de carne

A origem da palavra "paçoca" é tupi-guarani. Pásoka significa "coisa socada", em referência ao preparo das carnes secas piladas pelos índios junto de raízes, cascas e farinha. Com o tempo, brasileiros descendentes de portugueses ou africanos aprenderam o ofício dos indígenas e passaram a carregar a paçoca em viagens pelo Brasil. Tropeiros, garimpeiros, bandeirantes, vaqueiros: todos levavam o alimento de fácil conservação como matula para servir de sustento durante a jornada.

Lídia Aguilar Leite é cozinheira e proprietária do Restaurante Recanto Vale do Sol, localizado na zona rural de Corumbá. Ela conta que preparar a paçoca no salão, na presença dos clientes, é uma maneira de manter viva as próprias origens. "Meu pai era vaqueiro. Foi a paçoca que o sustentou em muitas viagens levando o gado de um lugar para o outro", conta Lídia. Ela diz que o preparo se inicia com a fritura da carne de sol na panela. "Tem que ficar bem sequinha", observa. Após essa etapa, os pedaços de carne seguem para dentro de um imenso pilão de madeira junto de uma pequena quantidade de farinha de mandioca. Lídia começa, então, a pilar a carne, com movimentos constantes e muita paciência. Muitos minutos depois, ela fica satisfeita com a consistência da paçoca. Após prová-la, dá o aval: "está ótima!".

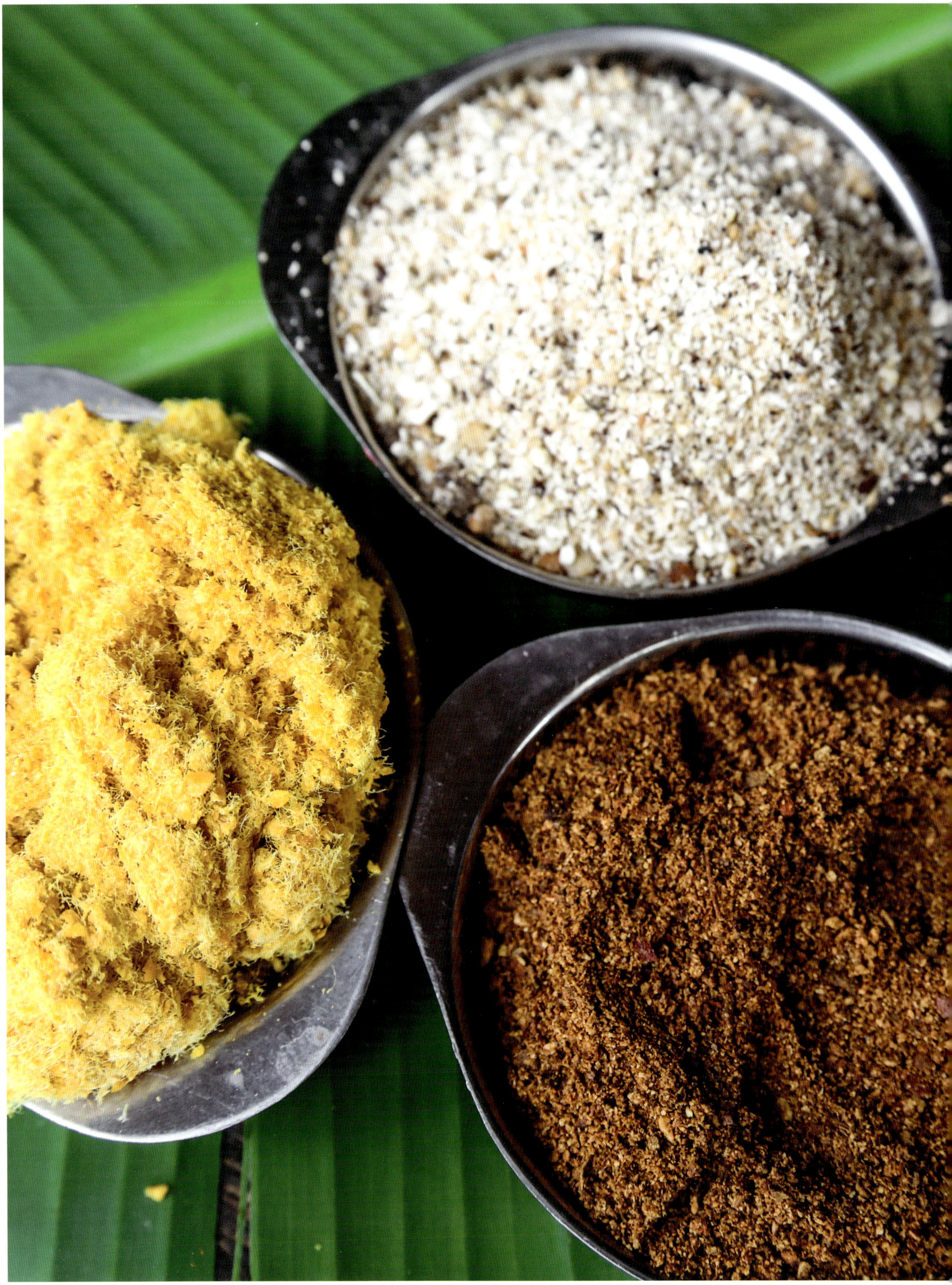

MATO
GROSSO
DO SUL

PRODUTOS & PRODUTORES

Derivados de bocaiuva

A macaúba é uma palmeira que alcança até 25 m de altura, suporta queimadas e longos períodos de estiagem, possui tronco com espinhos longos e pontiagudos e cachos repletos de coquinhos que podem pesar até 60 kg. Encontrada com maior frequência no cerrado brasileiro, é conhecida também por outros nomes, como macaúba, macaíba, coco-baboso e coco-de-espinho. Com a quebra do coco, revela-se uma polpa amarelada, de aroma intenso, que pode se transformar em inúmeros produtos alimentícios. A produtora rural Élida, moradora da Chácara Boa Vida, na área rural de Bonito, beneficia a polpa da bocaiuva para preparar várias receitas. "Sei que ela faz muito bem para a saúde, que é rica em vitamina A e betacaroteno, igual à cenoura", diz Élida. Ela explica que o processo de beneficiamento se dá com a quebra do coco com um martelo, sobre uma banca de madeira. "Depois, com uma faca, a gente descasca a polpa e coloca tudo em tabuleiros, para secar no sol", revela. Após a secagem, as lascas de bocaiuva desidratada são levadas ao pilão, para se transformarem em farinha. "Daí, dá para fazer um punhado de receitas, como biscoitos, bolos, pães, mingau e até sorvete!", exclama Élida.

Bocaiuva

Produtora rural Élida

Secagem da polpa da bocaiuva
Bonito, MS

173

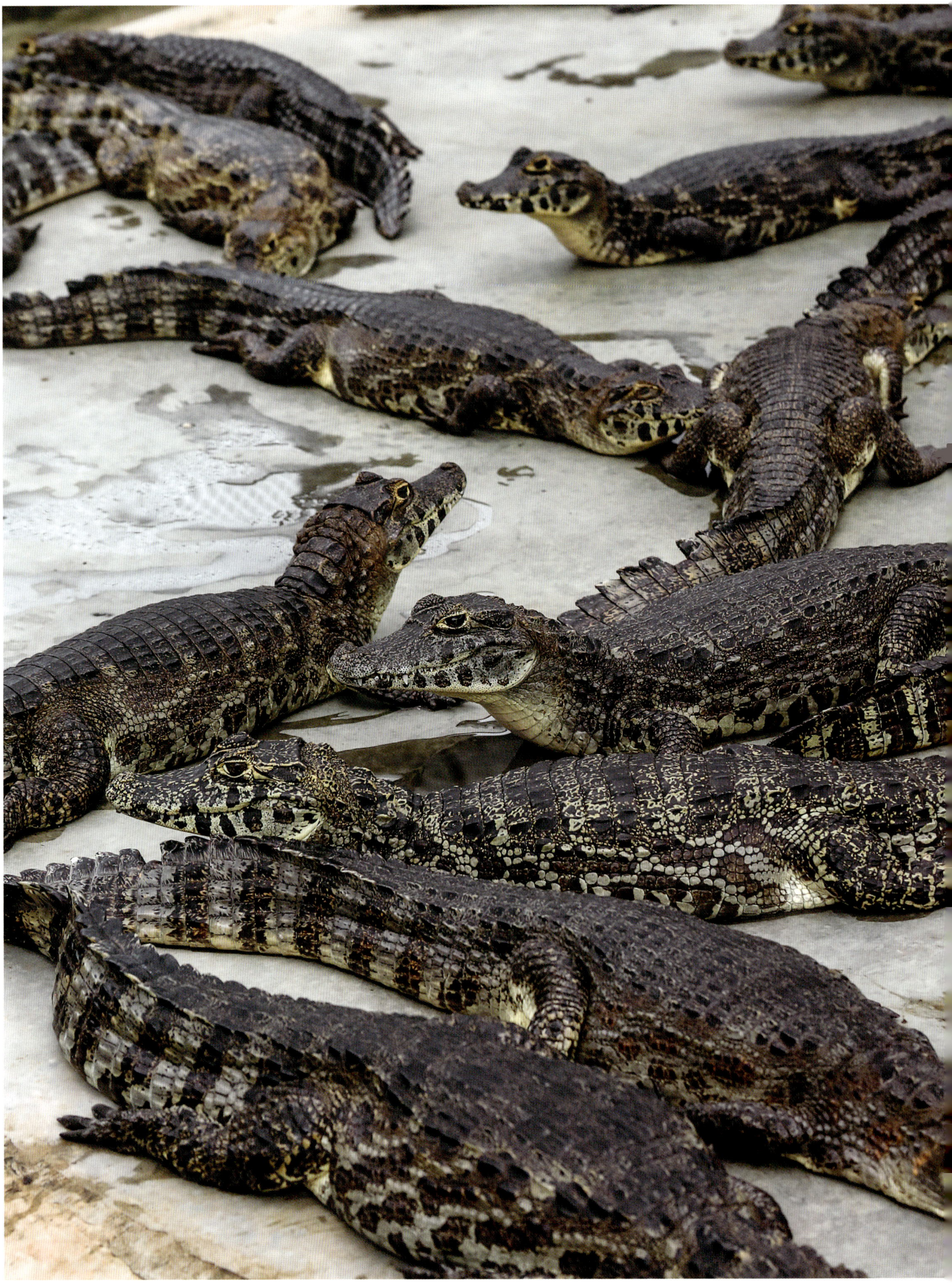

MATO
GROSSO
DO SUL

PRODUTOS & PRODUTORES

Carne de jacaré

Um dos maiores criatórios comerciais de jacarés do mundo está localizado em Corumbá. A Caimasul é um complexo industrial que inclui a criação, o abate e a comercialização de carne e couro de jacarés. Willer Girardi, gerente da empresa, conta que todo o manejo é sustentável. "Estamos gerando renda para a população pantaneira e colaborando para a preservação da espécie", diz Willer. Ele explica que a Caimasul opera em um sistema conhecido como "ranching", que consiste na coleta de ovos na natureza, com a supervisão e a autorização do Ibama, e o transporte dos mesmos até as incubadoras da empresa. "Todo o processo de engorda, do nascimento dos filhotes ao abate, acontece em tanques e baias com a temperatura interna e a da água controladas para o bem-estar dos animais", certifica o gerente. Willer revela que o animal leva, em média, dois anos para atingir 6 kg, quando, então, ocorre o abate no frigorífico da empresa.

Muitos podem estranhar o consumo da carne de jacaré, animal que, ao lado da onça-pintada e do tuiuiú, representa o Pantanal no imaginário das pessoas. Entretanto, Willer garante que tal exotismo não é justificado, pois a carne é bastante saborosa. "É uma carne branca, macia, com pouca gordura e alto valor proteico", diz. Com crescente demanda pela carne no Brasil, a Caimasul disponibiliza diversos cortes de jacaré, como filé de cauda, filé de lombo, filé de dorso, coxas, filé-mignon e ponta de cauda. Sobre o preparo, Willer diz que o ideal é temperar apenas com sal e pimenta-do-reino, para não mascarar o sabor da carne. "Depois, basta grelhar em azeite ou manteiga em uma frigideira bem quente e pesada. O jacaré vai ficar bem suculento e delicioso", garante.

Filhotes de jacaré na Caimasul - Corumbá, MS

177

Willer Girardi

Carne grelhada de jacaré

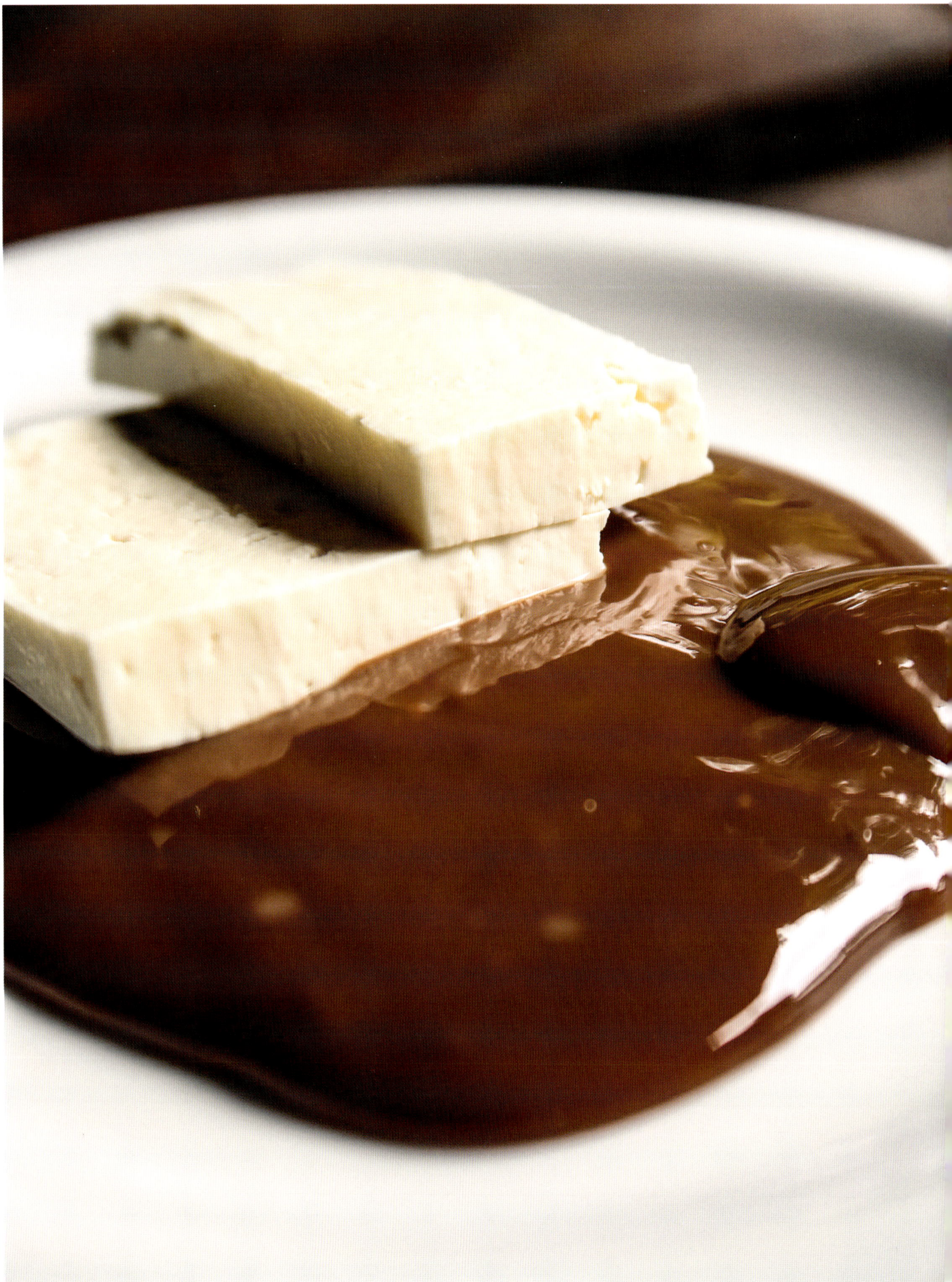

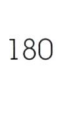

MATO GROSSO DO SUL

PRODUTOS & PRODUTORES

Doce de leite do Rio do Prata

Um dos principais santuários ecológicos do Brasil produz um doce de leite que é considerado por quem o prova como um dos mais gostosos que existem no país. O Recanto Ecológico Rio da Prata, localizado em Jardim, município vizinho a Bonito, se tornou conhecido nacionalmente graças aos passeios de flutuação em rios de suave correnteza e águas cristalinas. Em mergulhos com roupa de neoprene, óculos e snorkel, turistas avistam diversas espécies de peixes do Pantanal, como piraputangas, dourados, curimbatás, pintados e pacus. Depois do passeio, todos seguem para o restaurante do santuário, onde é servido o almoço e, de sobremesa, o delicioso doce de leite produzido no local.

Ao lado do restaurante do Rio do Prata, está a Casa do Doce, um casebre com fogão a lenha, onde se encaixa um imenso tacho. Ali, nas primeiras horas do dia, um funcionário despeja dezenas de litros de leite e alguns quilos de açúcar. Após acender a lenha, inicia-se o preparo do doce, que levará aproximadamente oito horas para ser concluído. Nos instantes finais de cozimento, o aroma açucarado e o brilho da cor marrom-escuro do doce de leite conquistam os espectadores. Após a checagem do ponto pelo funcionário, o tacho é levado para uma cozinha, onde o doce, ainda quente, é colocado em potes de vidro que serão vendidos na loja anexa ao restaurante. Por fim, todos podem, então, participar de um ritual encantador: a raspa do tacho.

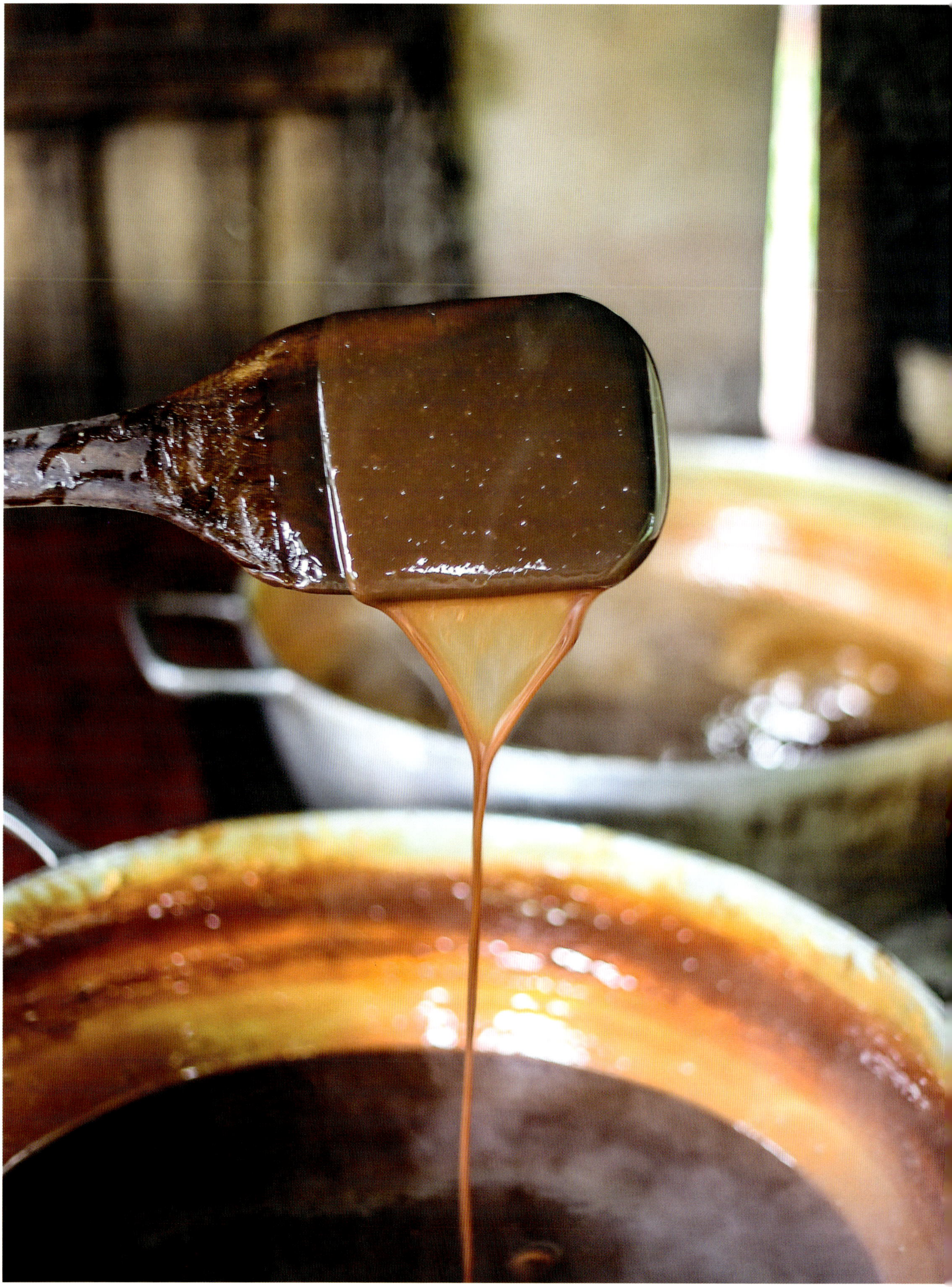

Potes com doce de leite

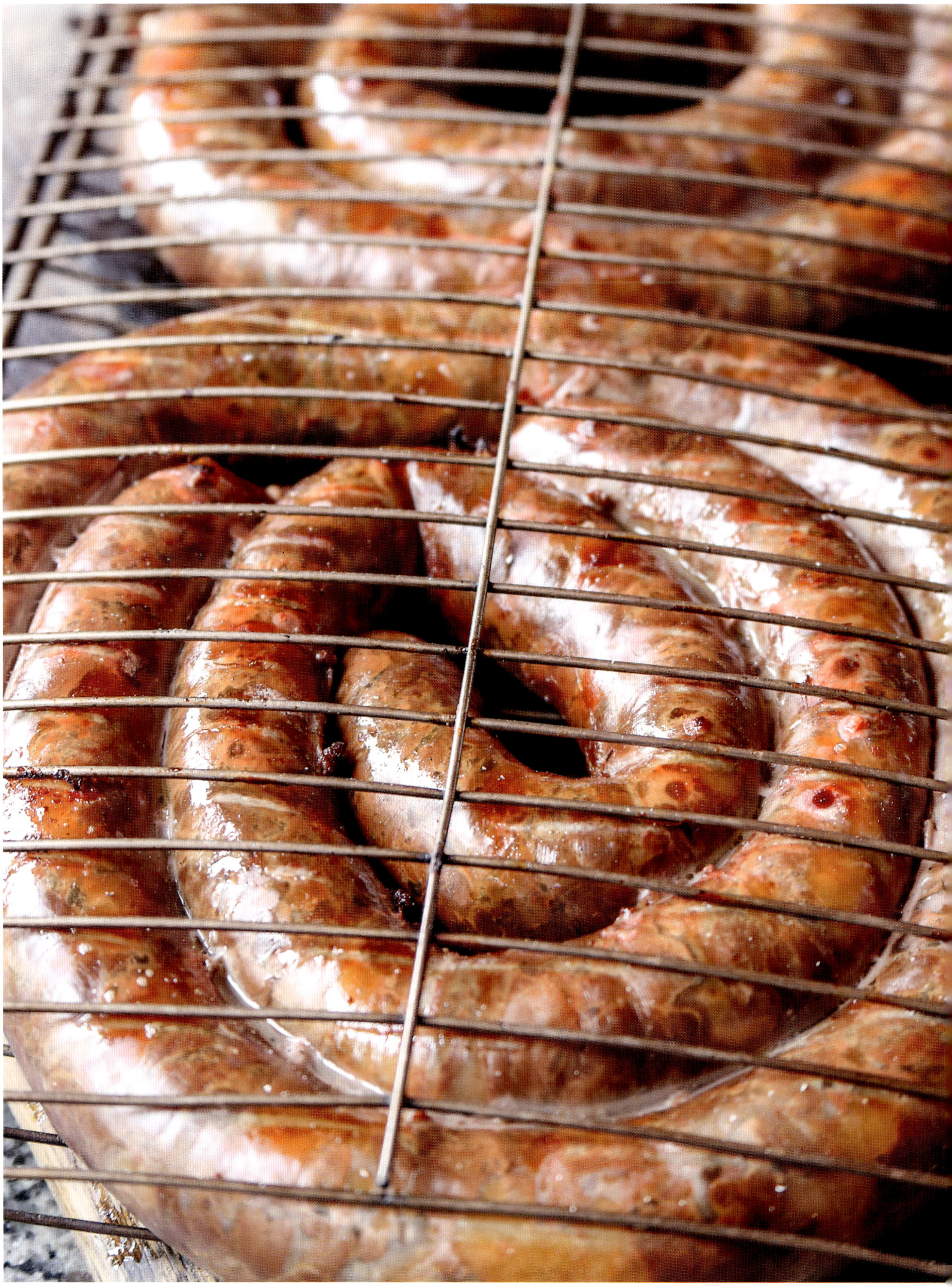

MATO GROSSO DO SUL

PRODUTOS & PRODUTORES

Linguiça maracaju

Um produto sul-mato-grossense é um dos poucos no Brasil que ostentam o selo de Indicação Geográfica (IG): a linguiça de Maracaju. Moradores do município, que fica a 160 km de Campo Grande, alegam que o certificado dá mais valor e visibilidade ao produto, além de distingui-lo de outros embutidos. A origem da linguiça maracaju está ligada à história agropecuária do estado, onde, no final do século 19, famílias de imigrantes vindas de Goiás e do Triângulo Mineiro tinham como tradição a produção de embutidos. Entretanto, ao se estabelecerem no Mato Grosso do Sul, mudaram a receita que tinham, substituindo a carne suína por bovina. A fazendeira Ana Nery, mais conhecida como "Nerinha", da Fazenda Água Tirada, conta que a linguiça deve ser feita com cortes do traseiro do boi, como coxão mole, alcatra, maminha, picanha, patinho e contrafilé. "Além disso, a carne tem que ser cortada à mão, na ponta da faca, em pedacinhos de cerca de 1 cm. Outro ponto fundamental do preparo é o uso de laranja azeda para temperar a carne", revela Nerinha. Ela diz que o suco irá ajudar a equilibrar a receita, que pede, ainda, a inclusão de cerca de 15% de gordura em comparação ao peso total de carne. "Tem quem goste de deixar a linguiça secar por um ou dois dias antes de prová-la. Mas eu prefiro quando é fresca e frita no mesmo dia. Para mim, fica ainda mais saborosa", afirma Nerinha.

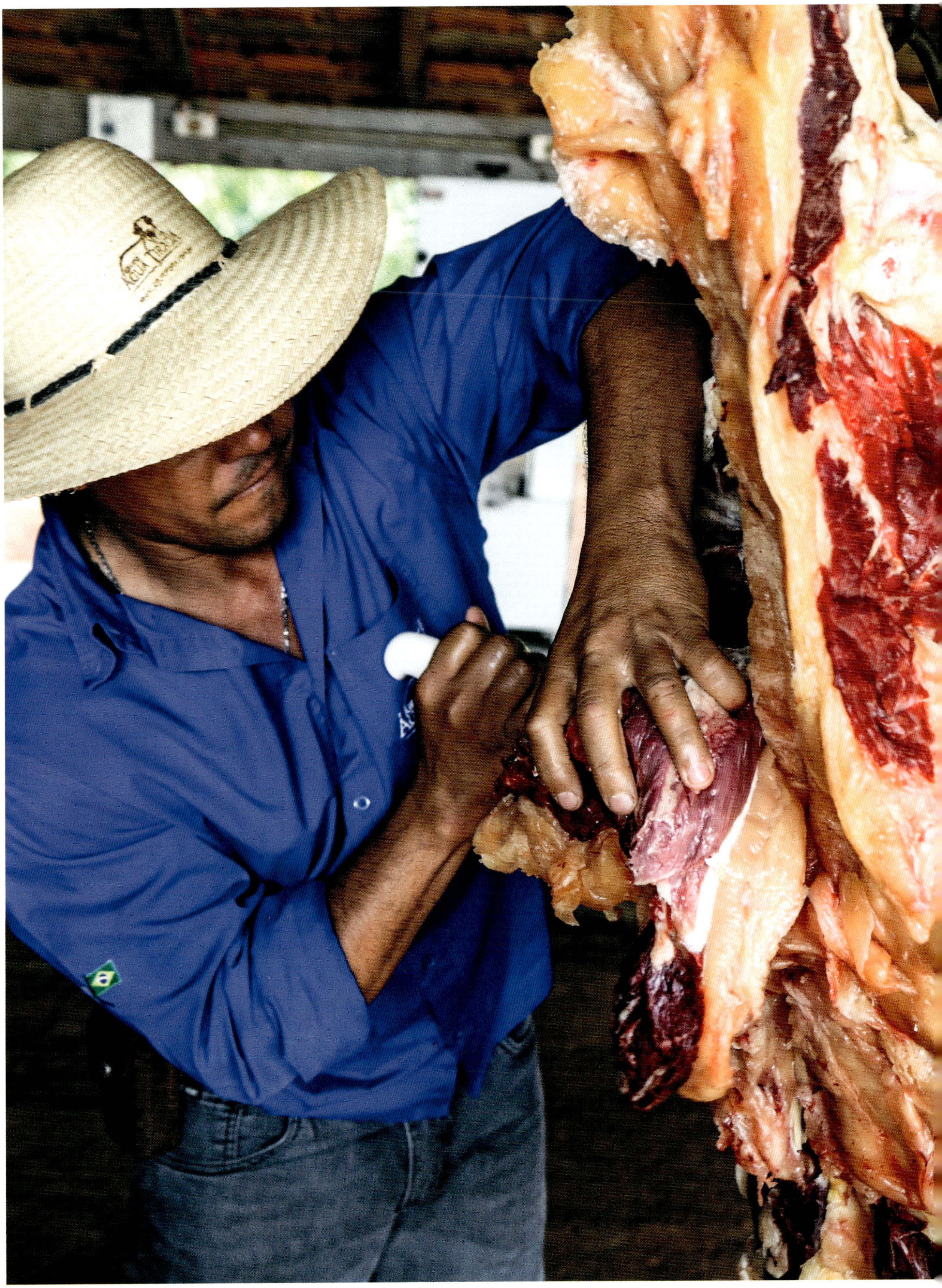

Preparo da Linguiça maracaju
Maracaju, MS

Cozinha da Fazenda Água Tirada
Maracaju, MS

189

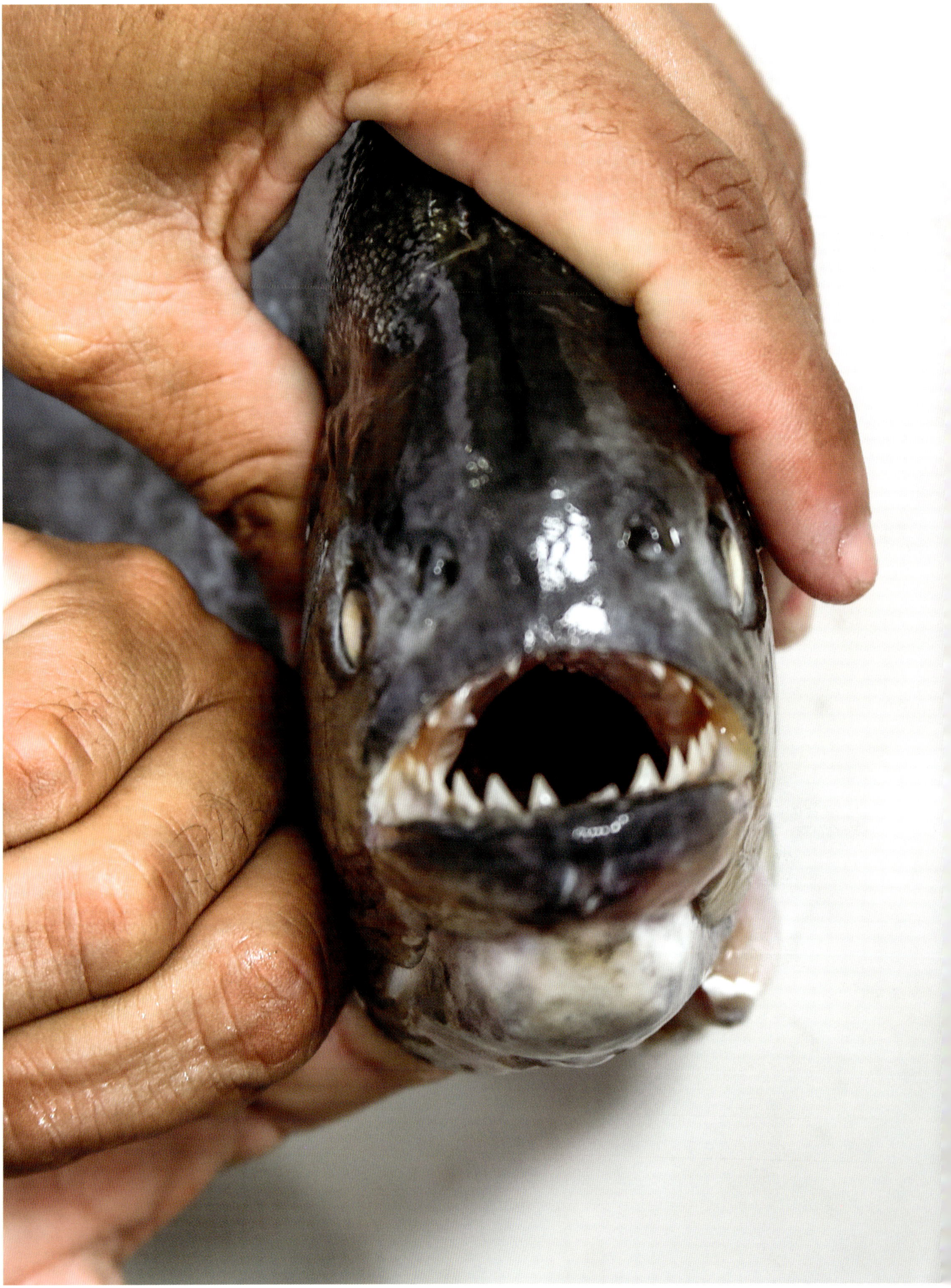

MATO
GROSSO
DO SUL

PRODUTOS & PRODUTORES

Carne de piranha

Gílson Batista, o "Pipoca", é cozinheiro no barco Netuno, da empresa Joyce Tur, que realiza passeios fluviais pelo Pantanal saindo de Corumbá. Ele conta que a duração da viagem varia: "tem vez que dura uma tarde e vez que dura uma semana", conta Pipoca. Por esse motivo, a quantidade de mantimentos na dispensa do barco e de ingredientes na geladeira depende da viagem. "Porém, uma coisa não pode faltar, porque faz parte de qualquer serviço: a carne de piranha", diz o cozinheiro.
Pipoca explica que a piranha é um peixe que não costuma ser encontrado à venda em feiras e mercados. "Ela é pescada nos rios. Ou então vem nas redes dos pescadores", conta. O cozinheiro diz que a piranha, uma espécie carnívora, é mais fácil de ser encontrada em águas rasas e sem correnteza. Com relação ao consumo, ele revela que faz parte do cardápio rotineiro dos pantaneiros. Os turistas, entretanto, costumam prová-la pela primeira vez no barco. Na cozinha, Pipoca dá início à limpeza dos peixes. "Primeiro, raspamos as escamas, abrimos a barriga e tiramos as vísceras. Depois é só cortar os filés", fala, enquanto manuseia a faca. Ele conta que costuma fazer dois preparos de piranha para servir aos clientes do barco: "sashimi com molho shoyu e torresminho com limão", diz, referindo-se, respectivamente, ao peixe cru cortado em lâminas finas e empanado em farinha e frito em óleo. "Todos adoram!", certifica Pipoca.

Cozinheiro Gilson da Silva

Sashimi e iscas de piranha

MATO GROSSO DO SUL

Serviço

COOPERATIVA DOS PRODUTORES DE AÇAFRÃO DE MARA ROSA
SOBÁ
BARRACA DA NÍRIA
(67) 3026-1972
Feira Central de Campo Grande
Rua 14 de Julho, 3335, Centro
Campo Grande - MS

FEIRA CENTRAL DE CAMPO GRANDE
(67) 3317-4671
Rua 14 de Julho, 3335, Centro
Campo Grande - MS
www.feiracentralcg.com.br

COMIDA DE COMITIVA
HÉLIO LOPES
(67) 99695-6378
(67) 99267-7437
Campo Grande - MS

MERCADO MUNICIPAL DE CAMPO GRANDE (Mercado Municipal Antônio Valente)
(67) 3383-3157 - Rua Sete de Setembro, 65, Centro
Campo Grande - MS

CHIPA
DONA DOMINGAS
(67) 99181-5732
(67) 99242-9589
Campo Grande - MS

PAÇOCA DE CARNE
RECANTO VALE DO SOL
(67) 3231-182
(67) 99987-1302
BR 262 - Acesso em frente ao Frigorífico Urucum
Corumbá - MS
www.corumba.com.br/valedosol

BOCAIÚVA
(67) 99947-0222
Assentamento Santa Lúcia
Chácara Boa Vida
Bonito - MS

CARNE DE JACARÉ
CAIMASUL - CAIMANS DO SUL DO Pantanal
(67) 3231-3586
BR-262, 741, Centro
Corumbá - MS
www.caimasul.com

DOCE DE LEITE DO RIO DA PRATA
RECANTO ECOLÓGICO RIO DA PRATA
(67) 3321-3351
BR 267 km 512
Jardim – MS
www.riodaprata.com.br

LINGUIÇA MARACAJU
FAZENDA ÁGUA TIRADA
(67) 3454-6292
Rua Pereira do Lago, 510, Cambarai
Maracaju - MS
www.aguatirada.com.br

CARNE DE PIRANHA
JOICE PESCA E TUR
(67) 3232-4048
Rua Manoel Cavassa, 331, Porto Geral
Corumbá - MS
www.joicetur.com.br

CHEF PAULO MACHADO
INSTITUTO PAULO MACHADO
www.ipaulomachado.com.br

Corumbá, MS

Banca de maçãs - Bom Jardim da Serra, SC

SANTA CATARINA

SANTA CATARINA

Estado que possui tanto vilarejos com invernos rigorosos quanto balneários de belas praias, Santa Catarina oferece uma culinária diversa e, em parte, influenciada por imigrantes que vieram de lugares distintos, como a Ilha dos Açores ou a extinta Pomerânia. No Vale do Itajaí, é possível fazer visitas guiadas a microcervejarias e provar receitas germânicas, como a cuca, a linguiça blumenau ou o marreco recheado. Em Itajaí, encontra-se a bottarga, uma iguaria milenar feita com ovas de tainha curadas e secas. No Sítio Vida Nova, em Presidente Nereu, é produzido o kochkäse, um queijo cozido, semelhante a um requeijão, que busca o reconhecimento como patrimônio imaterial do Brasil. Na serra catarinense, o visitante pode vivenciar o agroturismo e saborear uma farta mesa com produtos regionais. Em São Joaquim, há uma empresa fundada por imigrantes japoneses – é uma das maiores produtoras de maçãs da América Latina — e uma vinícola cujos vinhos já foram premiados em concursos nacionais e internacionais. No caminho para a capital, às margens da BR-101, uma austríaca produz queijos baseados em receitas de mestre-queijeiros franceses. Por fim, em Florianópolis, existe um bar no Mercado Público que se tornou conhecido como o "balcão mais democrático do país" e restaurantes especializados em polvo e ostras que foram coletados do mar poucas horas antes de serem servidos.

Casebre em Urubici, SC

Trapiche do Restaurante Ostradamus - Florianópolis, SC

Cozinha do Sítio Vida Nova
Presidente Nereu, SC

Vista do Morro da Igreja - Urubici, SC

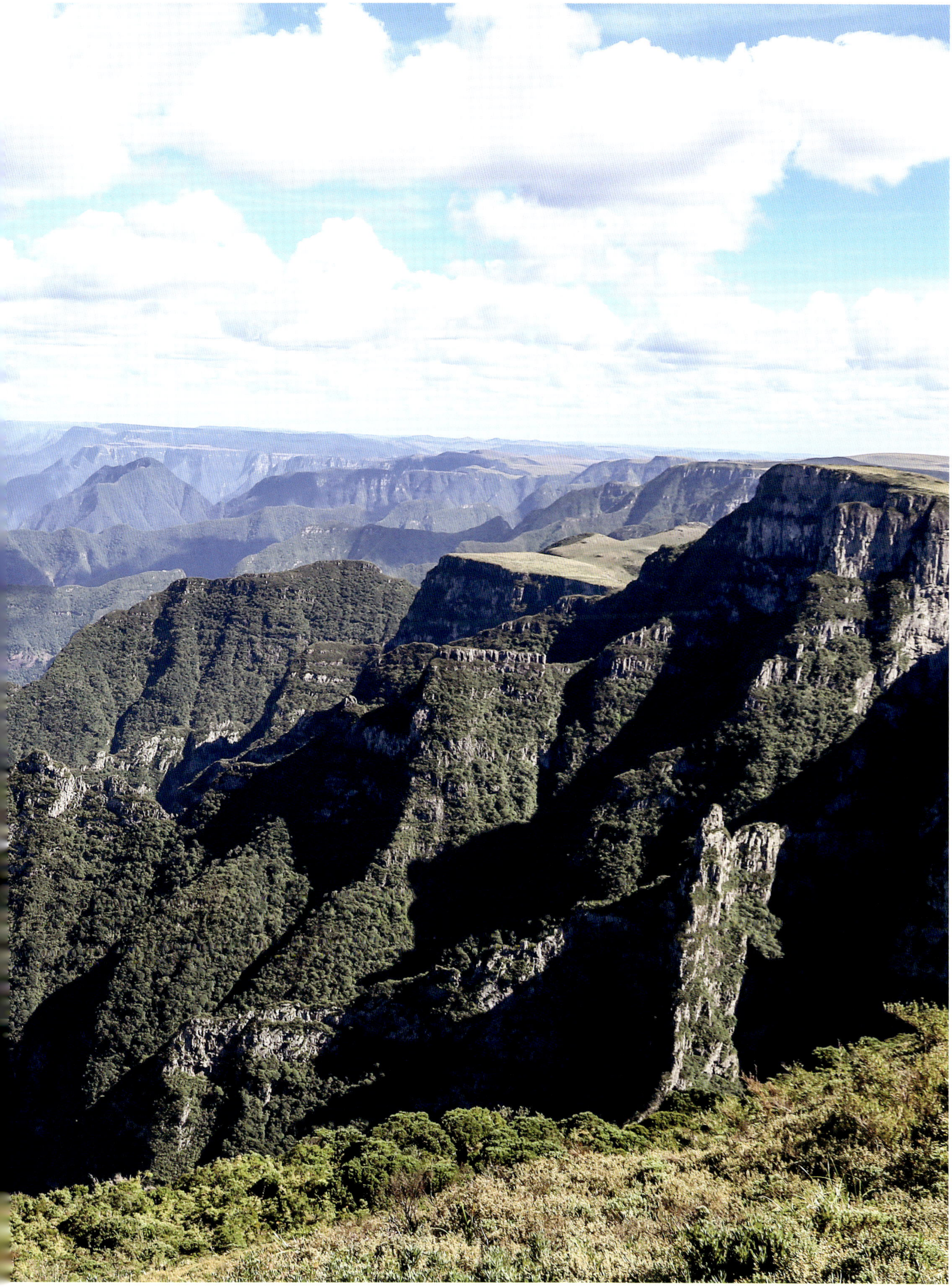

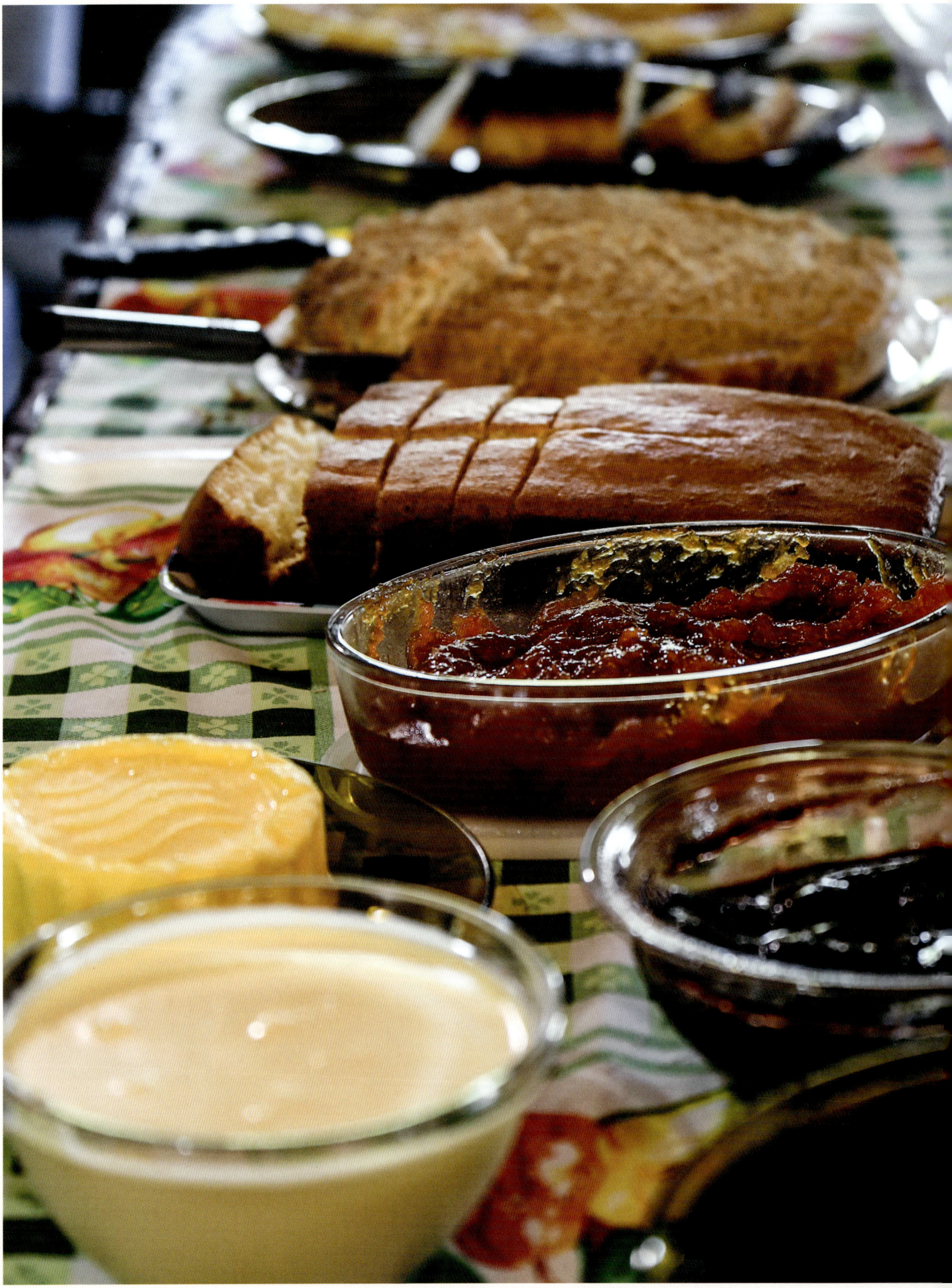

SANTA CATARINA

HISTÓRIAS E TRADIÇÕES

Café regional

Em 1999, uma associação de famílias de agricultores chamada Acolhida na Colônia foi criada com o objetivo de valorizar o modo de vida rural por meio do agroturismo. Em Urubici, o Sítio Arroio da Serra, de propriedade do casal Eraldo e Terezinha, é um dos participantes da associação. "O que fazemos é abrir a nossa casa para receber as pessoas e compartilhar parte do nosso dia a dia no campo", explica Terezinha. No sítio, os visitantes podem participar de inúmeras atividades, como acompanhar a colheita de verduras e hortaliças, ordenhar as vacas ou ajudar no preparo de produtos como pães e doces.

No casarão principal, ao redor do fogão a lenha, Terezinha serve diariamente um café regional com itens feitos com ingredientes regionais. Enquanto os hóspedes se aconchegam no salão, ela vai colocando a mesa. "Tem pinhões tostados na chapa de ferro, rosquinha de coalhada, geleias de caqui, de maçã e de ameixa, pão de abóbora, bolo de milho, queijo artesanal, salame, mel e biscoitos", lista a anfitriã. "E, para beber, chá de maçã, café ou chimarrão para provar em roda com os amigos".

Dona Terezinha

Preparo de waffle

Sítio Arroio da Serra - Urubici, SC

209

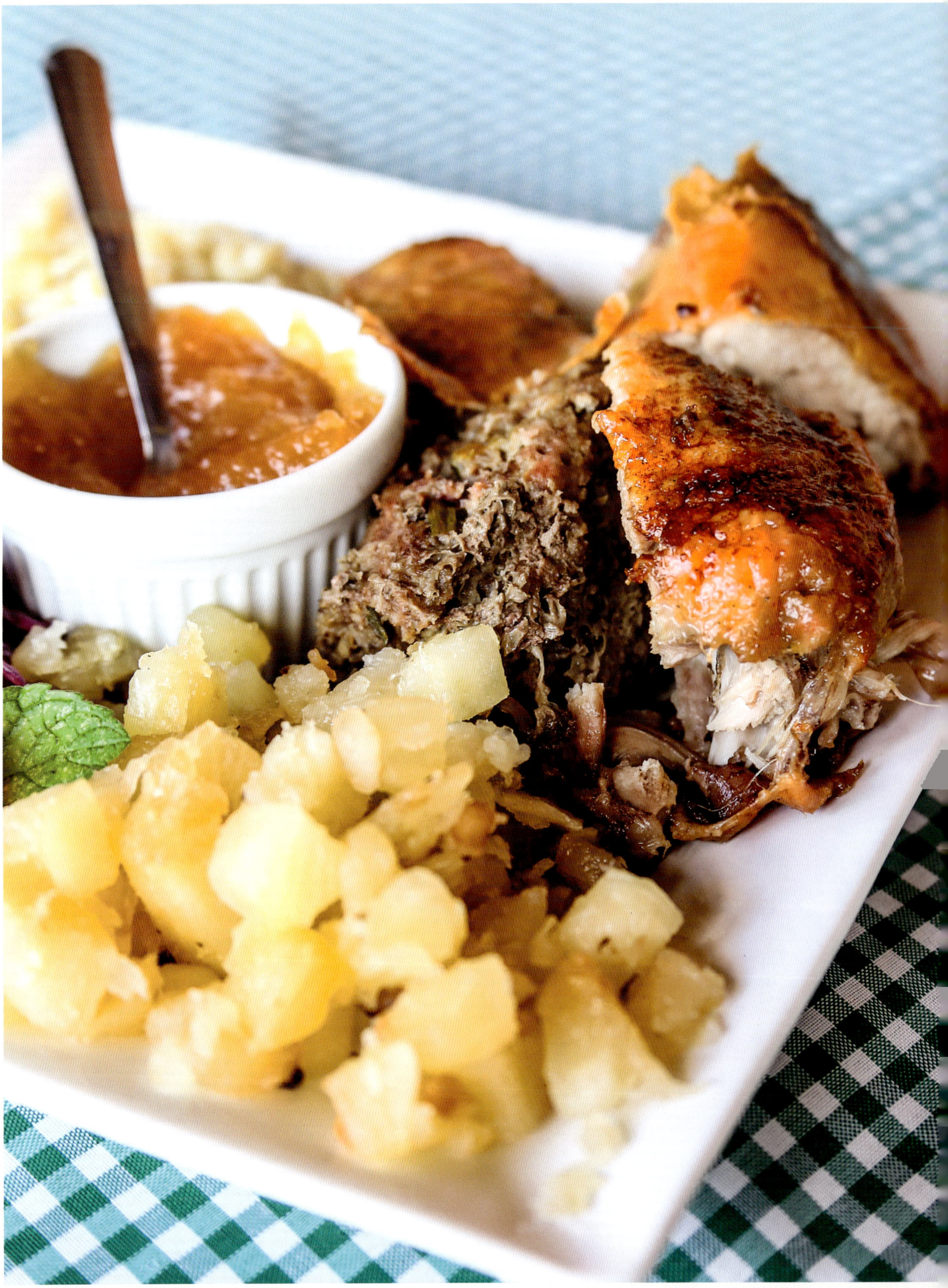

SANTA CATARINA

HISTÓRIAS E TRADIÇÕES

Marreco recheado

Um dos pratos que melhor simbolizam a imigração alemã em Santa Catarina é o marreco recheado servido com repolho roxo, purê de maçã e salada de batatas. Na região conhecida como Vale do Itajaí, são muitos os restaurantes que oferecem a opção no cardápio.
No Restaurante Siedlertal, em Pomerode, o gerente Juergen Schwartz explica que muitos turistas que visitam a região pela primeira vez nunca provaram marreco. "Muita gente fala que já comeu pato, mas não marreco", diz Juergen. Ele revela que as diferenças entre os dois animais são sutis: "o marreco tem uma postura mais vertical, enquanto o pato caminha com o peito mais próximo do chão". Além disso, o marreco é menor, menos gorduroso e cresce mais rápido que o pato; sendo, portanto, o preferido de criadores. Sobre o preparo do marreco, Juergen conta que a ave é inicialmente temperada e marinada de um dia para o outro. Em seguida, é feito o recheio, refogando-se os miúdos picados com cebola, alho e farinha de rosca. Por fim, o marreco é recheado e levado ao forno para assar e ganhar um tom dourado.

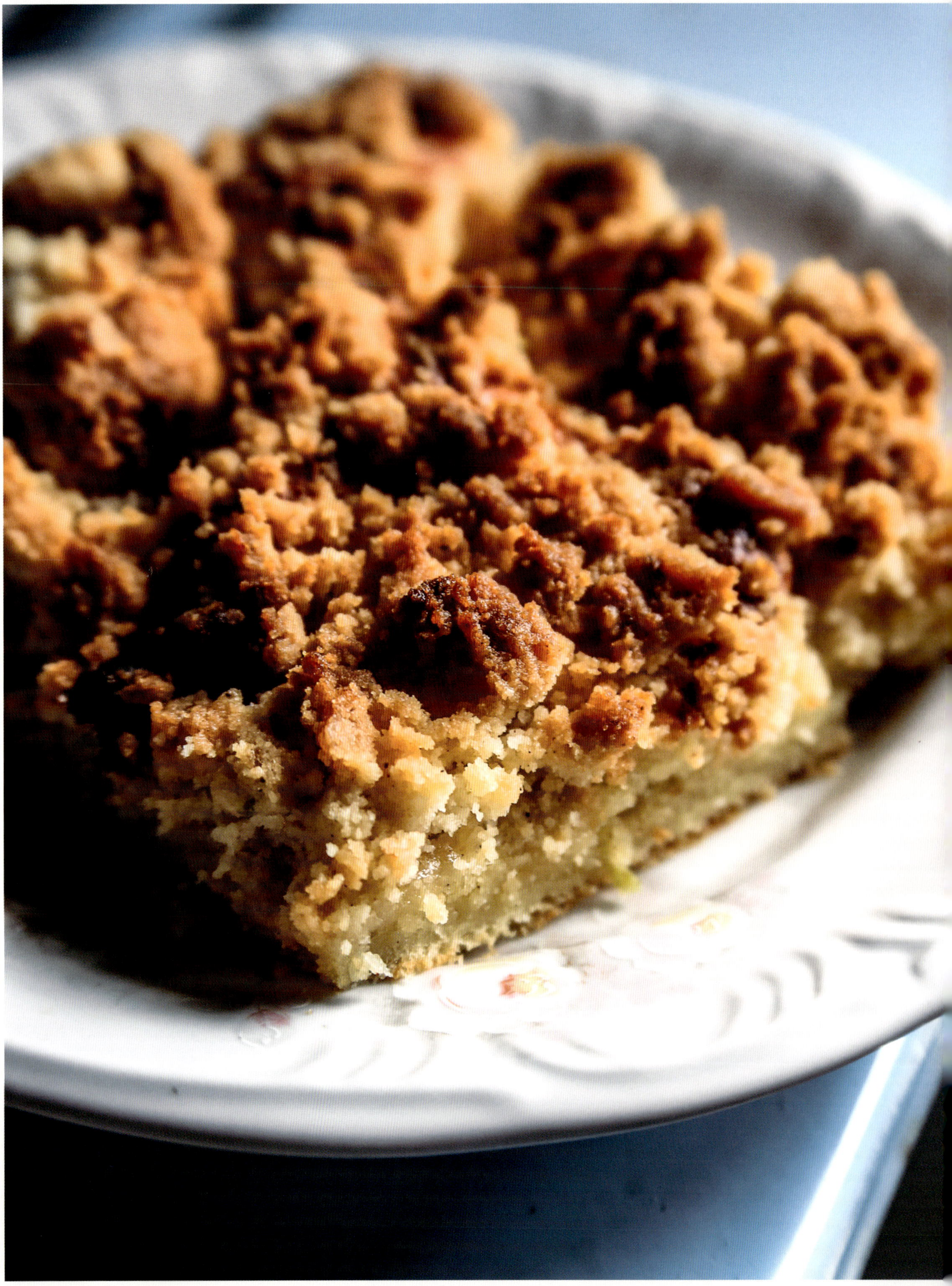

SANTA CATARINA

HISTÓRIAS E TRADIÇÕES

Cuca

A cuca é um pão doce que se faz presente na maioria das mesas de chá da tarde nas cidades de influência alemã em Santa Catarina. O nome de origem, streuselkuchen, significa "bolo de flocos", referindo-se à camada de farofa doce que deve cobrir o bolo antes de ele ser assado. Entretanto, tecnicamente, a cuca não é um bolo, e sim um pão doce. Pois, apesar de ser feita em tabuleiro, a receita utiliza fermento biológico, e não fermento químico, como acontece nos bolos.

Dona Hanna Lora Dahlke é descendente de alemães e faz cucas em Pomerode desde criança. Ela conta que antigamente a cuca era servida apenas em ocasiões especiais, como Natal ou Páscoa. Com o passar do tempo e a consequente popularização, a receita original também foi se modificando, explica Dona Hanna: "antes a cuca era feita só com a camada de farofa doce. Hoje muita gente mistura frutas ou geleia na farofa e a recheia com banana, morango e maçã. Agora a gente encontra cuca de uva, de goiabada, de coco e até mesmo de chocolate ou de linguiça". Sobre a sua predileção, Dona Hanna diz gostar da "cuca de maçã com canela recém-saída do forno, ainda morna, bem fofinha e com a farofa bem crocante por cima".

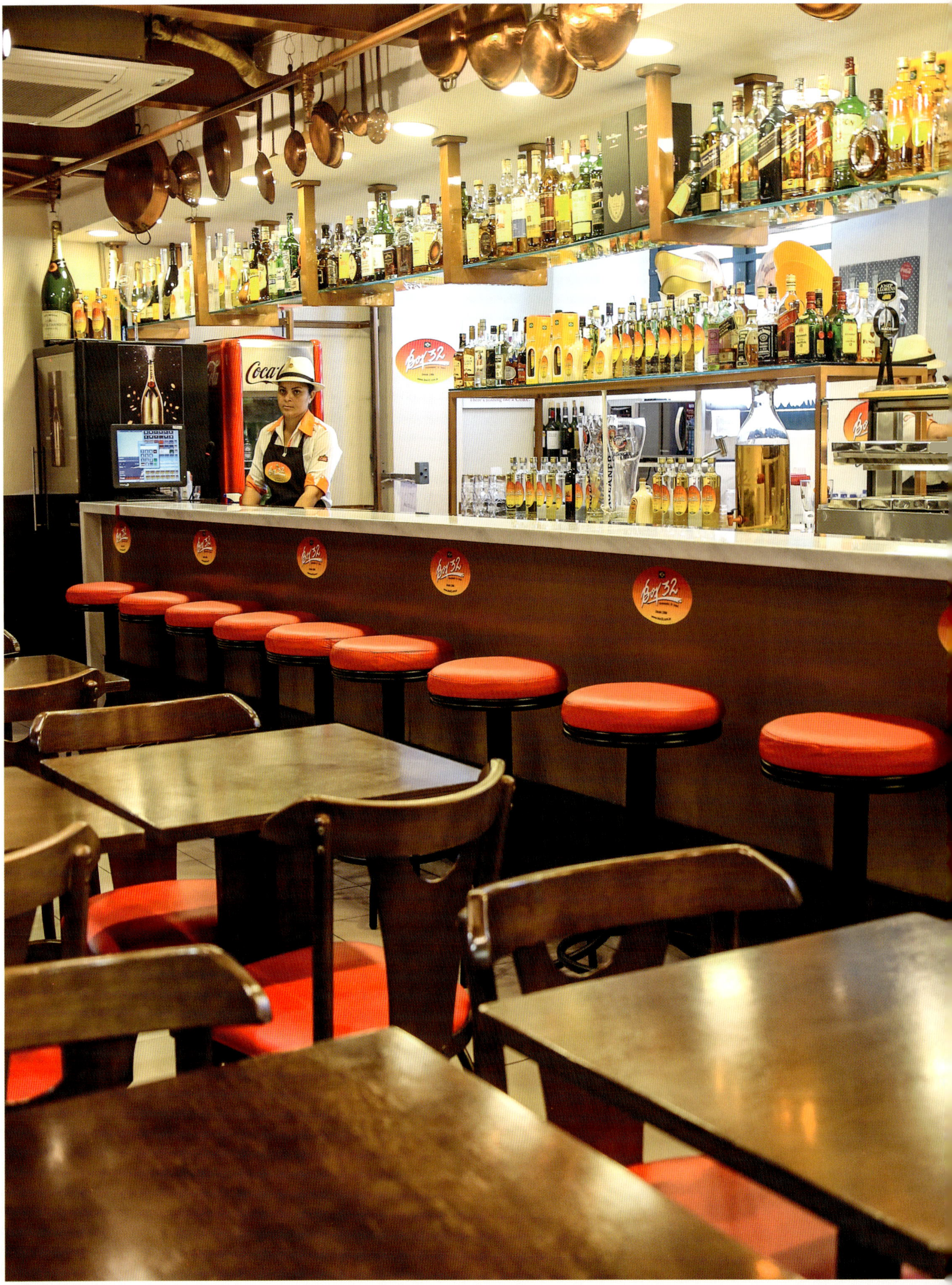
Coca-Cola

SANTA
CATARINA

HISTÓRIAS E TRADIÇÕES

Box 32

O Box 32, localizado no Mercado Público de Florianópolis desde 1984, se tornou uma referência para aqueles que visitam a capital catarinense. Na época da fundação do bar, o mercado não era bem-visto pelos moradores locais devido à sujeira e à precariedade das instalações. O proprietário, Beto Barreiros, foi um dos responsáveis por mudar a visão dos florianopolitanos e dos turistas com relação ao local.
"Já havia visitado vários mercados em outros países. E sempre me encantava por serem atrações turísticas nas principais cidades do mundo. Por que isso não podia acontecer em Florianópolis?", indaga Beto. Foi então que o empresário decidiu comprar um pequeno espaço, de 15 metros quadrados, e apostar na atmosfera de mercados públicos, combinando simplicidade, sofisticação e bom atendimento. "Passei a oferecer presunto cru espanhol, ostras frescas, bolinhos feitos com bacalhau norueguês e um pastel recheado com 100 gramas de camarão", conta Beto. O Box 32 passou, então, a atrair pessoas de diferentes classes sociais e ganhou o apelido de "balcão mais democrático do país". Em 2015, após o mercado passar por uma grande reforma, o Box 32 reabriu, após ter ficado fechado por 14 meses, ainda melhor. Em um espaço mais amplo, com ar-condicionado e adega climatizada, seguirá sendo referência aos moradores da ilha de Santa Catarina e turistas que visitam o mercado.

216

PRODUTOS & PRODUTORES

Bottarga

Em Itajaí, uma empresa brasileira chamada Bottarga Gold produz uma iguaria milenar bastante valorizada na Europa: a bottarga. Feito a partir de ovas de tainha salgadas e desidratadas, o produto, desconhecido pela maioria dos brasileiros, começa lentamente a ganhar espaço em gôndolas de supermercados e cardápios de restaurantes sofisticados.

Sérgio Arins, gerente da Bottarga Gold, explica que o processo produtivo começa com a pesca da tainha no litoral sul do território brasileiro. "Para respeitar a preservação da espécie e o controle ambiental feito pelo Governo Federal, os barcos de pescadores somente podem sair para o mar nos meses de maio e junho", explica Sérgio. "Depois de pescadas, as tainhas são abertas, e, com muito cuidado, ocorre a retirada das ovas. Elas são, então, lavadas e, em terra, se dá o processo de cura com sal e secagem em estufa". Com relação ao uso da bottarga em receitas, Sérgio explica que a iguaria deve ser cortada em fatias bem finas ou raladas. "Ela pode ser combinada com molhos, servida com massas, saladas e pratos com frutos do mar ou simplesmente saboreada com uma fatia de pão e um bom azeite", conclui Sérgio.

Ovas de tainha

Fatias de *bottarga*

Giuseppe Marino é cozinheiro e consultor gastronômico da Bottarga Gold.

FILÉ DE TAINHA COM LEGUMES, REDUÇÃO DE VINAGRE DE CANA E PÓ DE *BOTTARGA*

Rendimento: 1 pessoa

ingredientes

1 filé de tainha de 170 g
10 g de Bottarga Gold em pó

GUARNIÇÃO
2 aspargos
50 g de champignon de Paris
flor de sal
pimenta-do-reino
5 g de azeite de oliva
5 g de manteiga
3 g de açúcar

PURÊ DE BATATA-SALSA
60 g de batata-salsa
50 g de azeite de oliva
flor de sal
pimenta-do-reino

MOLHO DE CANA
300 g de vinagre de cana
100 g de açúcar de cana
2 g de gengibre

MODO DE PREPARO

Corte o filé de tainha em dois. Empane com a bottarga em pó e cozinhe no vapor por 10 minutos.
Limpe e higienize os legumes. • **Purê de batata-salsa** • Cozinhe as batatas, faça um purê e tempere com sal e pimenta. Emulsione com azeite de oliva.
Em uma frigideira, saltear rapidamente os champignons e aspargos com azeite de oliva, até ficarem al dente. Temperar com flor de sal e pimenta-do-reino. Acrescentar 5 g de manteiga e 3 g de açúcar no fim, para deixar os legumes brilhantes. • **Molho de cana** • Em uma panela, reduza o vinagres de cana junto ao açúcar e ao gengibre, até obter um terço do volume inicial.

221

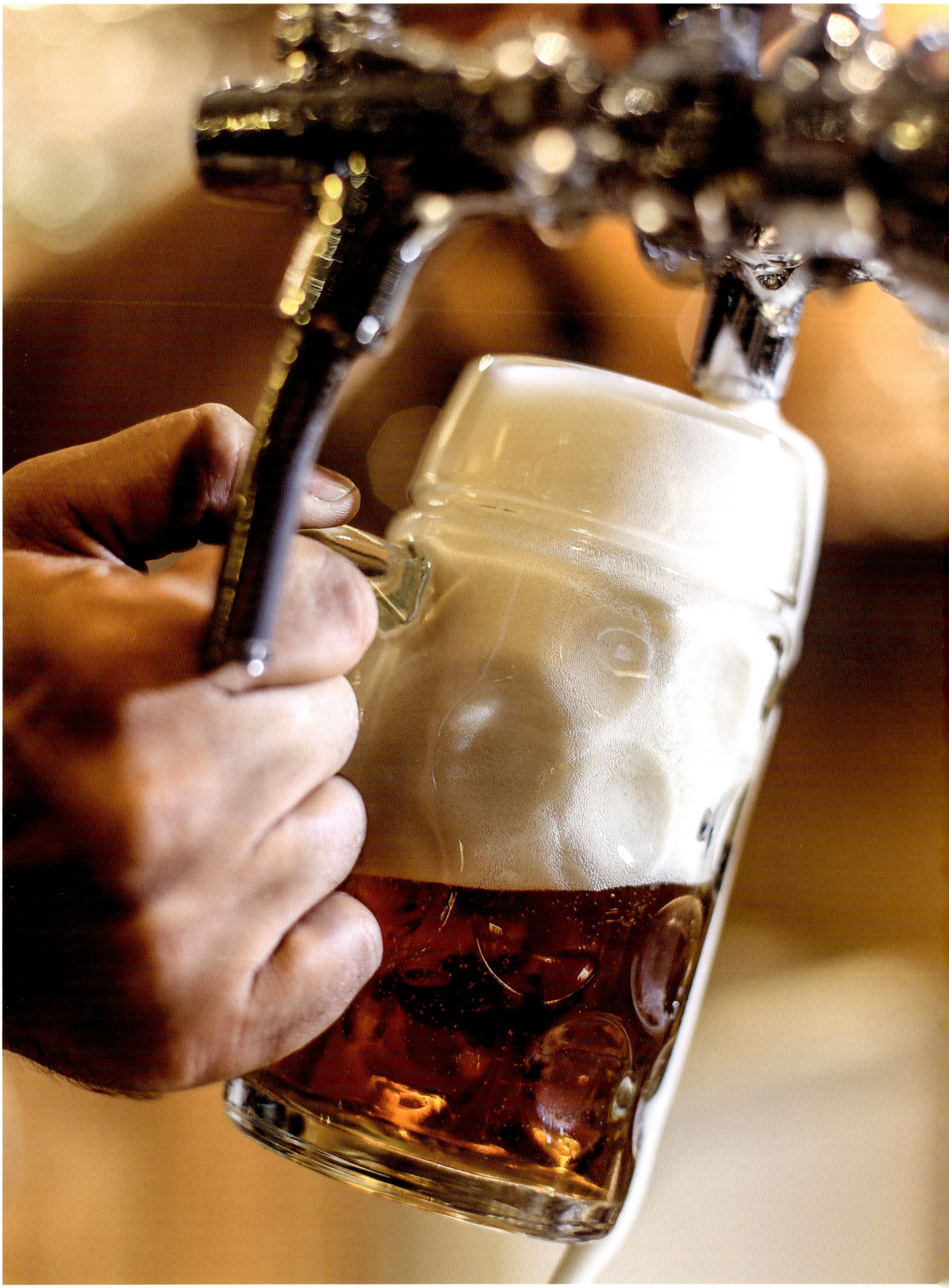

PRODUTOS & PRODUTORES

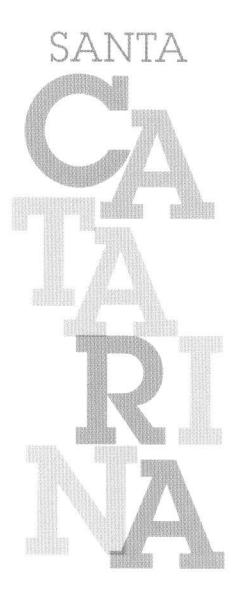

Cervejas especiais

Em 2017, foi sancionado um projeto de lei reconhecendo Blumenau como a capital nacional da cerveja. Colonizada por imigrantes alemães, a cidade se tornou conhecida nacionalmente por sediar a segunda maior Oktoberfest do mundo, atrás apenas de Munique. Se antigamente a produção de cervejas era caseira e abastecia eventos modestos como bailes e festas familiares, hoje dezenas de microcervejarias transformaram a cidade na principal referência no Brasil quando o assunto é a bebida de origem alemã. Muitas delas fazem questão de respeitar a chamada Lei da Pureza Alemã, criada em 1516, que exige o uso de apenas quatro ingredientes na produção de cerveja: água, lúpulo, malte e fermento.

Uma das principais cervejarias em Blumenau é a Eisenbahn, fundada em 2002. O nome é uma referência à localização da empresa, que fica ao lado de uma antiga linha de trem. Eisenbahn, em alemão, significa "ferrovia". Junto à sede, está a Estação Eisenbahn, onde os turistas podem provar várias cervejas produzidas in loco, como a dunkel, de cor escura, proveniente do malte de cevada torrado e paladar que remete a café; a pale ale, de alta fermentação e cor âmbar; a weizenbier, refrescante, feita de trigo e não filtrada; e a clássica pilsen, uma lager leve e de baixo amargor.

Tanques da Cervejaria Eisenbahn

Cervejas diversas da Eisenbahn

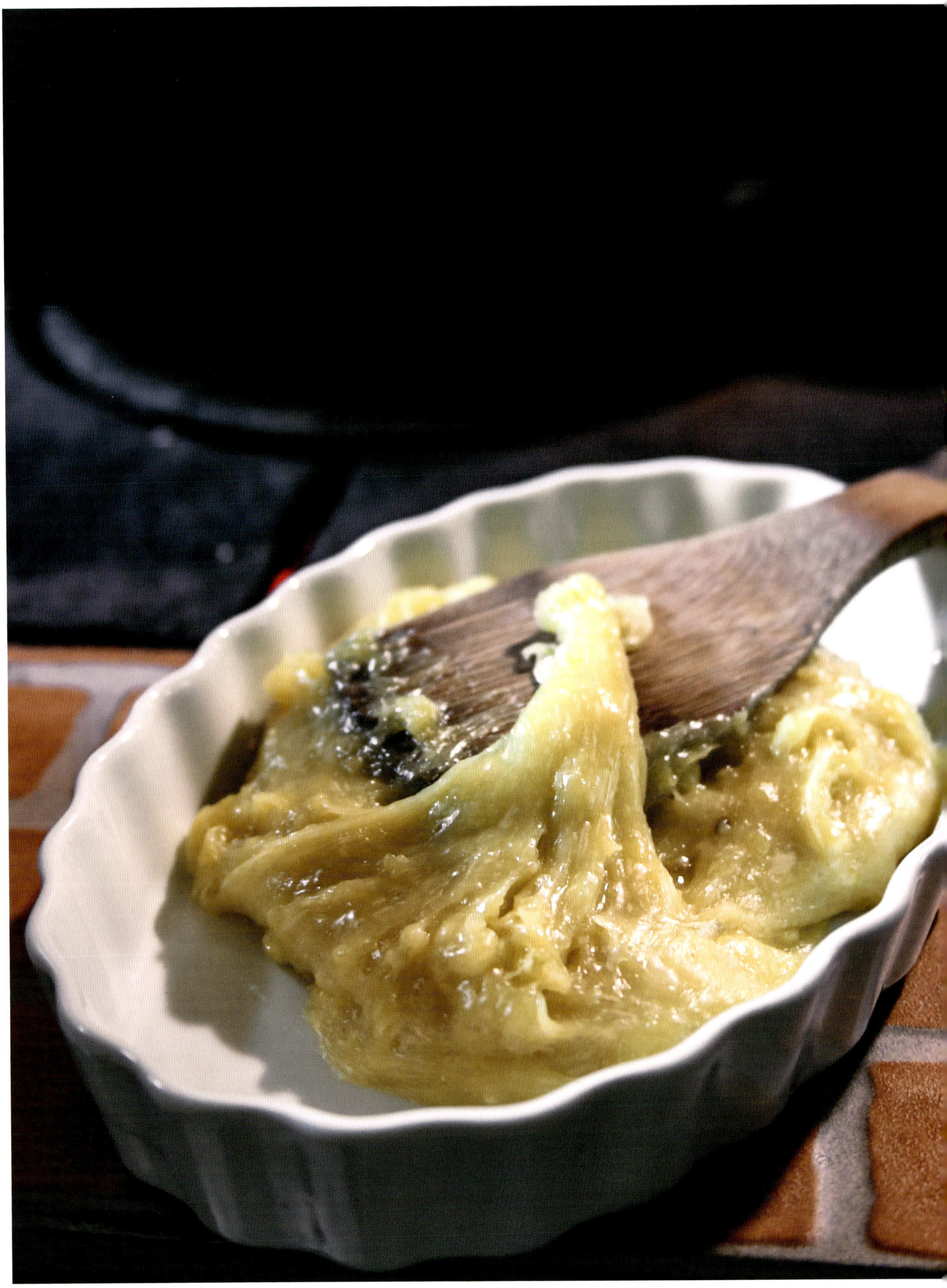

SANTA CATARINA

PRODUTOS & PRODUTORES

Kochkäse

No sítio Vida Nova, em Presidente Nereu, Luzia Cuzik mantém viva uma tradição herdada dos pomeranos que imigraram para Santa Catarina no século 19: a produção do queijo kochkäse. O nome, explica Luzia, significa "queijo cozido" em alemão. Segundo a produtora, o queijo não possui uma legislação específica e, portanto, somente é encontrado à venda em pequenas feiras rurais. Entretanto, desde 2011, corre um pedido de reconhecimento do kochkäse como patrimônio imaterial brasileiro no Instituto Nacional de Patrimônio Histórico e Artístico Nacional (Iphan), o que pode vir a favorecer a regulamentação do produto.

Luzia conta que no passado era comum encontrar o kochkäse em dias de festas familiares. Porém, com o tempo, "muitas senhoras estão deixando de produzi-lo. E as filhas dessas senhoras não estão aprendendo a receita", diz Luzia, preocupada. "Acho que talvez seja porque dá certo trabalho fazer o queijo". Ela revela que o processo de produção se inicia com a coagulação natural do leite, deixando-o em repouso, em temperatura ambiente, de um dia para o outro. Após a retirada da nata, o restante é levado ao fogo para amornar. "Depois a gente coloca um pano fininho sobre uma bacia e despeja a coalhada em cima. Fazemos, então, uma trouxinha com o pano e dependuramos para deixar escorrendo de um dia para o outro. O que sobra é uma espécie de ricota", conta Luzia. A última etapa consiste em esfarelar o queijo e levá-lo a uma panela com um pouco da nata. "Vou, então, cozinhando o queijo, mexendo sem parar e dando a liga. Quando estiver todo derretido, podemos enformar ou espalhar num pão preto para comer ainda quentinho", conclui Luzia.

Preparo do kochkäse - Presidente Nereu, SC

Luzia Cuzik

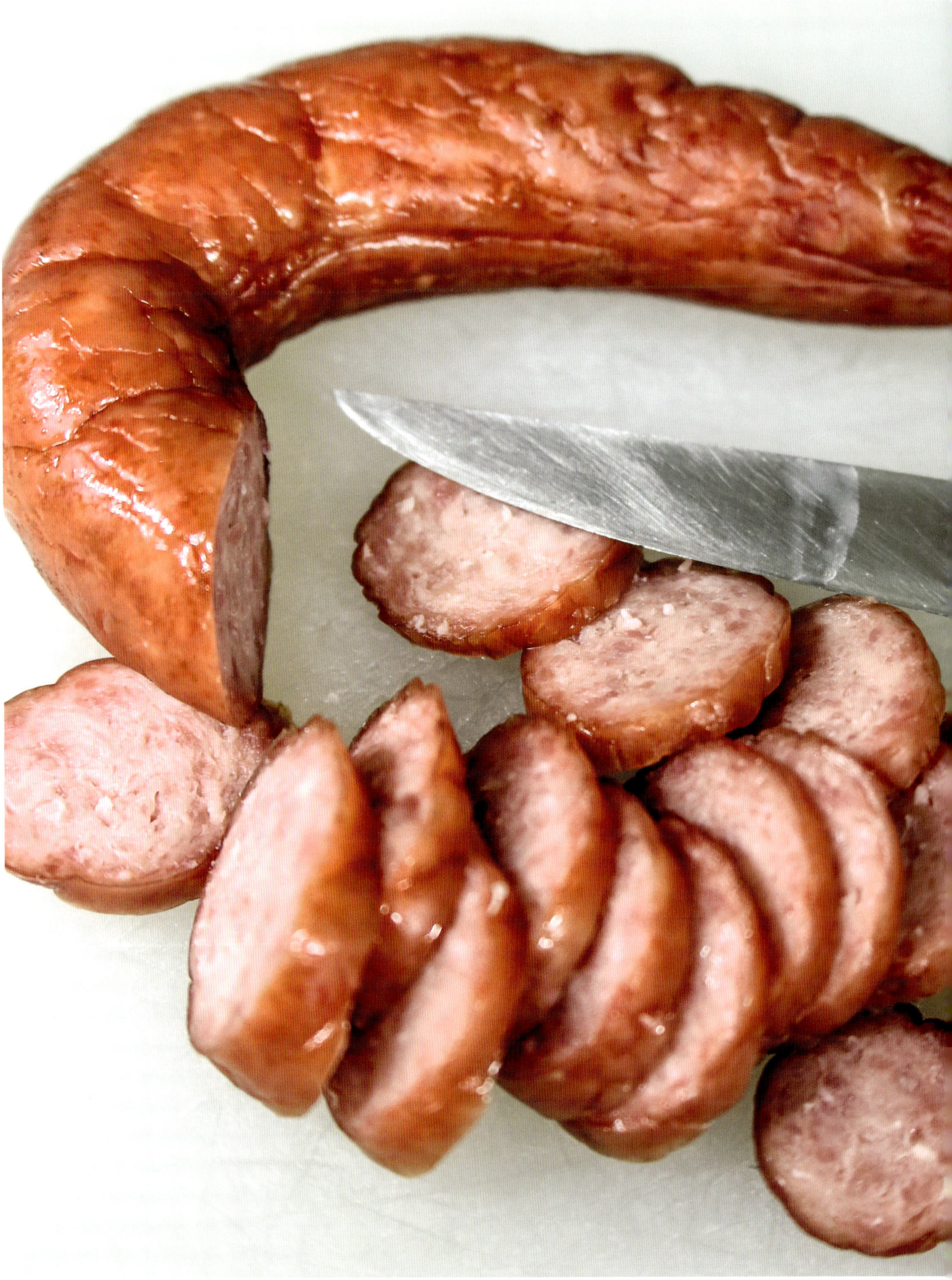

PRODUTOS & PRODUTORES

Linguiça blumenau

Apesar de ser feita na cidade de Pomerode, um dos principais símbolos da gastronomia alemã no Vale do Itajaí se chama linguiça blumenau. O nome inusitado se deve ao fato de que Pomerode era um distrito de Blumenau na época em que imigrantes pomeranos começaram a produzir o embutido na região. Em 2015, com o intuito de homenagear a cidade vizinha, a Câmara dos Vereadores de Blumenau aprovou um projeto de lei considerando a linguiça blumenau um patrimônio cultural imaterial do município. Outra iniciativa recente proveniente de produtores da região busca o reconhecimento e a valorização da iguaria por meio do selo de Identificação Geográfica (IG), junto ao Instituto Nacional de Propriedade Industrial (INPI).

Luiz Antônio Bergamo, proprietário da Olho Embutidos, explica que a linguiça surgiu da necessidade de se aumentar o tempo de conserva da carne de porco, que era produzida em excesso. "A receita da linguiça leva basicamente pernil, paleta e gordura de porco. O que a diferencia das demais é o processo de defumação artesanal", conta Luiz. Tratando-se da melhor maneira de consumi-la, Luiz diz que "pode ser cortada fina e comida pura ou usada para fazer sanduíches, massas, pizzas, risotos ou rechear batatas. E, de preferência, regada com muito chope", brinca, lembrando suas origens germânicas.

José Eduardo de Oliveira Vaz é chef de cozinha do Restaurante Bistrô Palatare, em Balneário Camboriú.

RISOTO DE LINGUIÇA BLUMENAU COM BANANA-DA-TERRA E CASTANHA-DO-PARÁ

Rendimento: 4 pessoas

ingredientes

Calda de baunilha do cerrado
5 cm de uma baunilha do cerrado
400 g de açúcar
450 ml de água

MANJAR

320 g de arroz para risoto (carnaroli, arborio, vialone nano)
50 ml de azeite de oliva
50 g de linguiça blumenau sem pele e cortada em cubos ou rodelas
60 g de cebola picada em cubos pequenos
100 ml de vinho branco seco
1.200 ml de caldo quente de carne ou legumes
150 g de banana-da-terra descascada e cortada em cubos médios
40 g de castanha-do-pará em lascas
40 g de queijo parmesão ralado
30 g de manteiga em cubos gelada
Sal a gosto
Pimenta-do-reino a gosto

MODO DE PREPARO

Em uma frigideira preferencialmente antiaderente, coloque 15 ml de azeite de oliva e doure levemente a banana-da-terra. Reserve-a.

Usando uma panela de fundo grosso, coloque o restante do azeite e a linguiça blumenau e refogue-a brevemente. Junte a cebola e, um minuto depois, acrescente o arroz. Refogue-o por 2 a 3 minutos, mexendo sempre. Coloque o vinho branco e mexa até que o mesmo seja absorvido pelo arroz. Coloque o sal e a pimenta-do-reino, lembrando que a linguiça blumenau já é salgada. A partir desse momento, vá acrescentando o caldo, concha a concha, sempre aguardando que o arroz o absorva para que a nova concha seja adicionada. Assim que o arroz se apresentar al dente, adicione o queijo, a manteiga gelada, a banana e as castanhas. Misture-os rapidamente. Caso julgue necessário, adicione mais um pouco de caldo quente, para que o risoto fique bem cremoso.

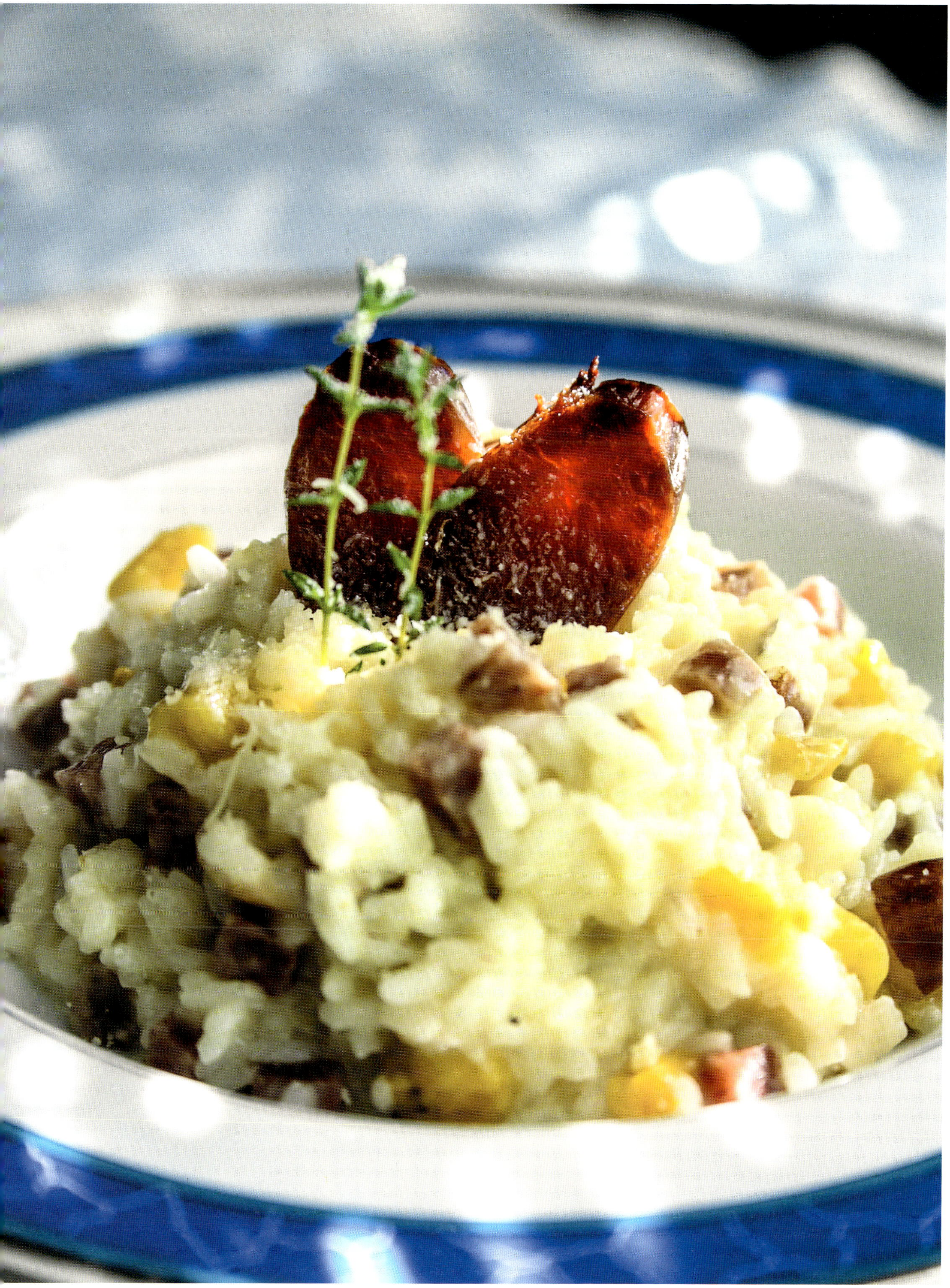

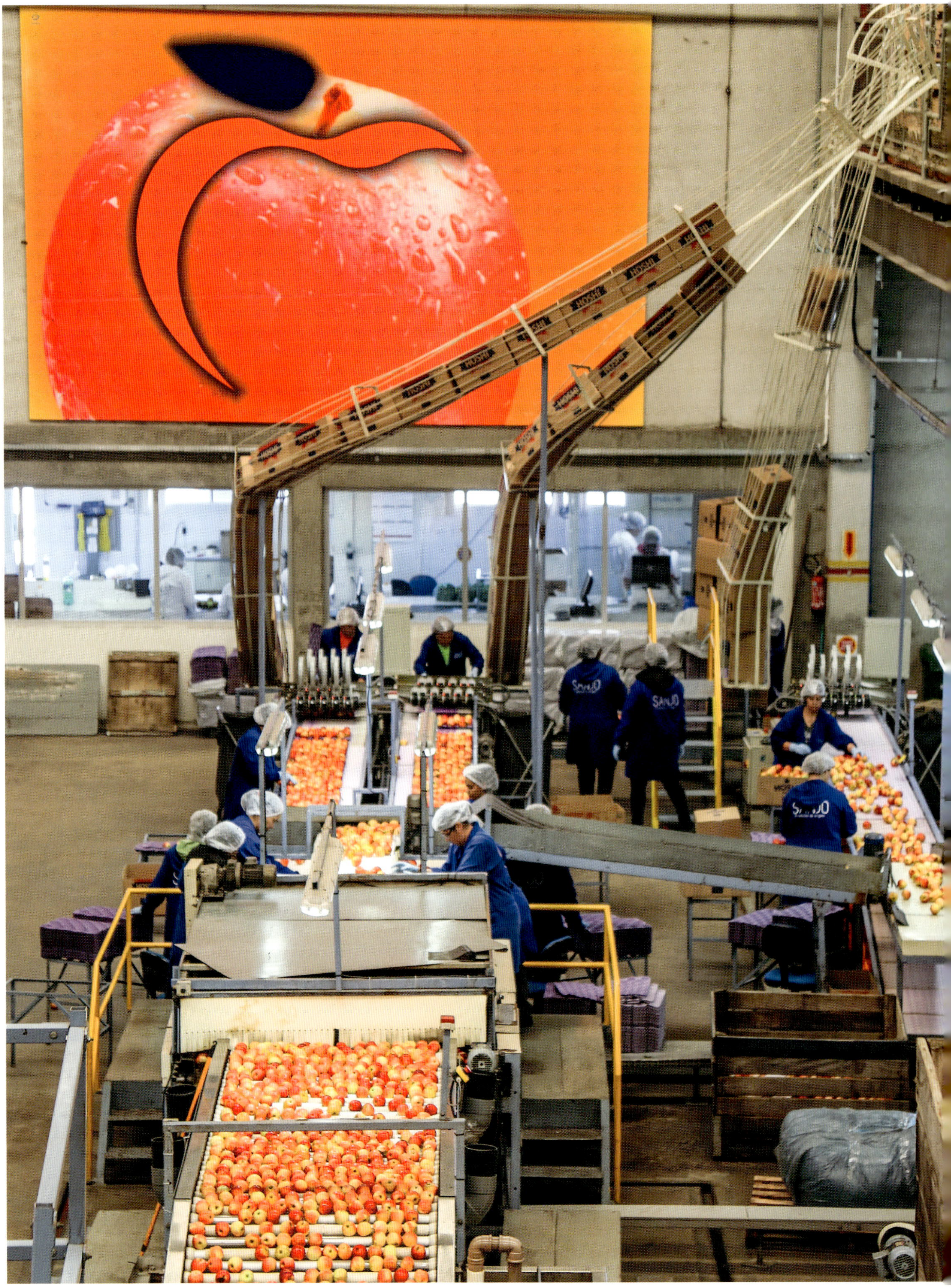

SANTA CATARINA

PRODUTOS & PRODUTORES

Maçãs e derivados

Em São Joaquim, o cultivo de maçãs se adaptou bem ao clima de uma das cidades mais frias do país. A fruta começou a ser produzida no município nos anos 1970, quando um acordo entre Brasil e Japão favoreceu o estabelecimento de produtores japoneses na região. Além disso, o governo catarinense, por meio da Epagri, investiu em pesquisa e melhoramento genético da fruta. Como resultado, São Joaquim é uma das maiores produtoras de maçãs da América Latina.
Uma das principais empresas produtoras de maçãs do Brasil é a Sanjo Cooperativa Agrícola. Fundada em 1993 por fruticultores, em maioria imigrantes e descendentes de japoneses, conta hoje com 80 cooperados, produzindo anualmente 40 mil toneladas de maçã das variedades Fuji e Gala. Quem vai a São Joaquim pode fazer uma visita guiada à Sanjo. Durante o percurso, podem-se conhecer as áreas de beneficiamento, seleção e estoque de maçãs. No final do passeio, os visitantes participam de uma degustação de produtos derivados da fruta, como suco, sidra e calvados, um destilado alcoólico originário da região da Normandia, na França.

Sanjo - São Joaquim, SC

237

Cidra

Calvados

Leandro Miranda foi chef de cozinha do L'Assiette, restaurante que foi estrelado pelo Guia 4 Rodas e funcionou em Balneário Camboriú até fevereiro de 2017.

TORTA DE MAÇÃ

Rendimento: 5 pessoas

ingredientes

MASSA DA TORTA
250 g de farinha de trigo
250 g de açúcar
3 g de sal
125 g de manteiga
60 g de gemas
10 ml de leite

MAÇA
500 g de maçã
100 g de açúcar
30 g de manteiga
40 g de mel

MODO DE PREPARO

Massa • Misture todos os ingredientes até formar uma massa homogênea. Refrigere por 30 minutos. Abra a massa com um rolo e corte usando um aro 10 cm. Asse até dourar em forno preaquecido a 180 °C. • **Maçã** • Lave e descasque as maçãs. Retire as sementes, deixando as maçãs inteiras. • **Caramelo** • Faça um caramelo com o açúcar, o mel e a manteiga. Cozinhe as maçãs nesse caramelo e reserve-as. • **Montagem** • Coloque a maçã no centro da massa. Regue com o caramelo e, se desejado, sirva a torta com sorvete de creme.

241

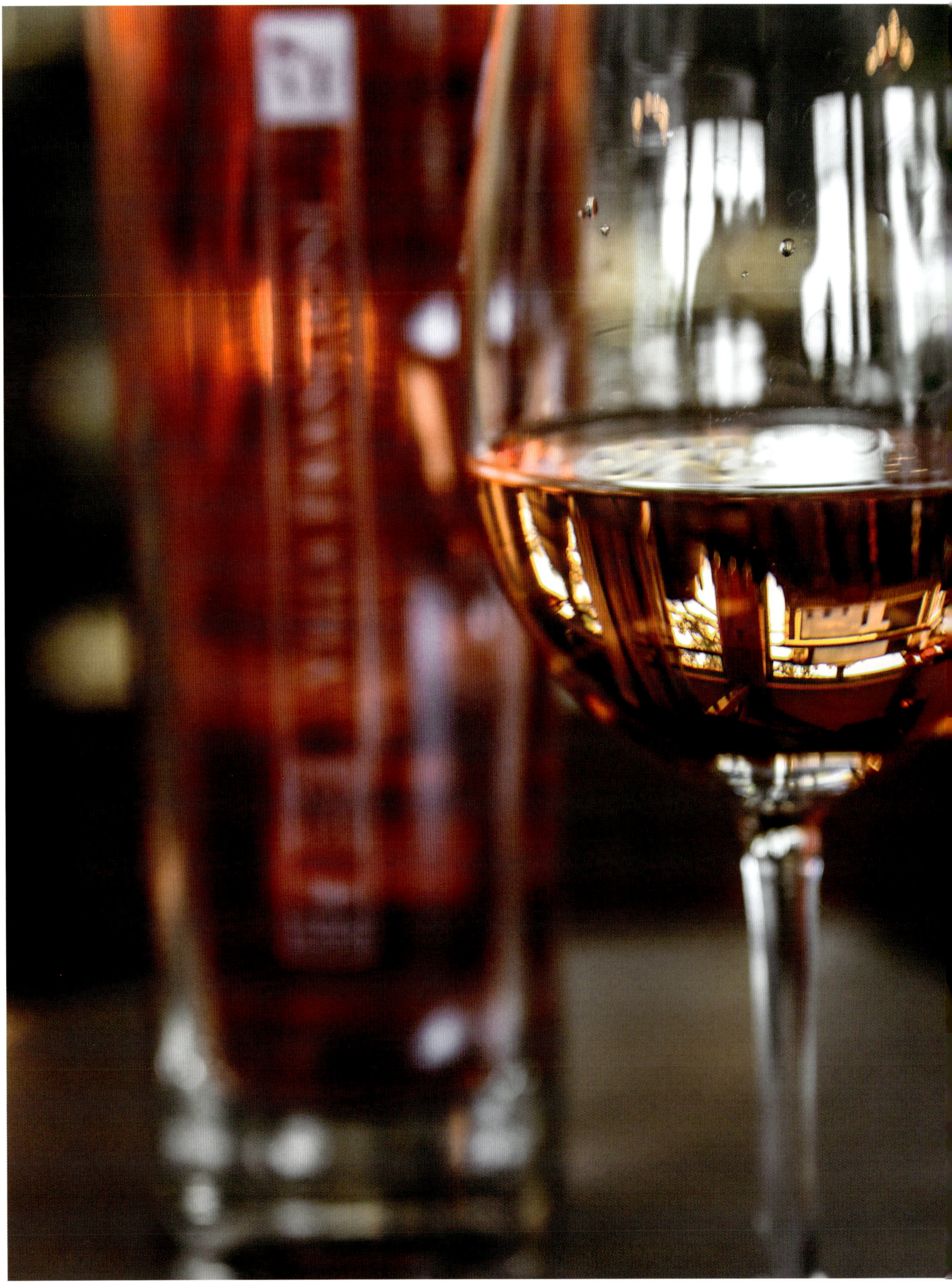

PRODUTOS & PRODUTORES

Villa Francioni

A Vinícola Villa Francioni está localizada a 5 km do centro de São Joaquim, na Rodovia SC-438, que liga a cidade ao município de Lages. A visita à propriedade se tornou uma das principais atrações turísticas da serra catarinense. A empresa foi fundada por Manoel Dillor Freitas, um apaixonado por vinhos que viajou em busca do conhecimento em várias vinícolas pelo mundo, antes de decidir construir a própria em território brasileiro. Dillor Freitas faleceu em 2004, às vésperas da conclusão das obras do prédio principal da Villa Francioni e da comercialização das primeiras garrafas. Entretanto, a meta dele de produzir um vinho de qualidade na serra catarinense logo se tornou realidade. Em pouco tempo de vida, a Villa Francioni colecionou inúmeras premiações em concursos nacionais e internacionais. Atualmente a empresa é administrada pela filha do fundador, Daniela.

Quem chega à Villa Francioni logo fica impressionado com a dimensão e imponência do prédio principal. Esse foi construído sobre uma encosta, em vários níveis, para favorecer o fluxo gravitacional do vinho durante as etapas de produção, evitando o uso de bombas mecânicas e favorecendo a qualidade da bebida. A visita é feita com um guia e percorre os diferentes estágios de produção, como a fermentação em tanques inoxidáveis e a maturação em barricas de carvalho. No final do passeio, em um salão com vista panorâmica para os vinhedos, ocorre degustação de alguns dos rótulos produzidos pela vinícola, como o VF Espumante Branco Nature, o VF Rosé, o VF Sauvignon Blanc, o VF Francesco – um blend de merlot, cabernet sauvignon, cabernet franc, merlot e syrah – e o VF Colheita Tardia, um branco licoroso doce, feito com sauvignon blanc.

Vinícola Villa Francioni
São Joaquim, SC

Barricas de carvalho

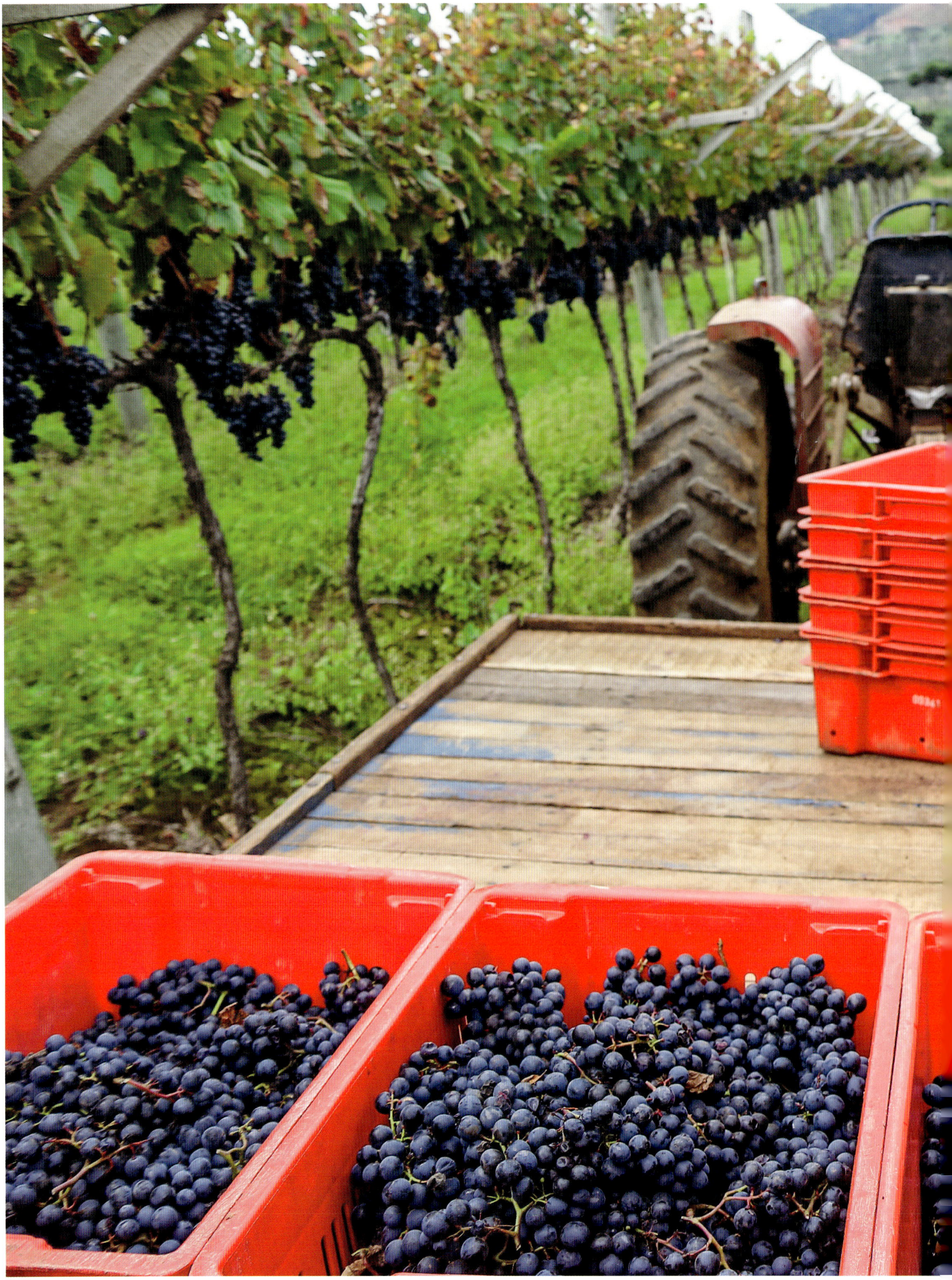

Colheita de uvas na Villa Francioni
São Joaquim, SC

248

PRODUTOS & PRODUTORES

Queijo com sotaque

Elizabeth Schober nasceu na Áustria, cresceu na França e atualmente é queijeira no município de Paulo Lopes. A queijaria dela, a Queijo com Sotaque, foi fundada em 2013, em parceria com os amigos brasileiros Adílson e Diego de Sousa, pai e filho. Localizada às margens da Rodovia BR-101, produz diariamente mais de 100 kg de queijos baseados em receitas francesas como reblochon, camembert e gruyère.

Elizabeth começou a aprender o ofício aos 17 anos, com mestres queijeiros franceses. Em 2006, visitou Santa Catarina em férias com a família, participando de programas de agroturismo da Associação Acolhida na Colônia. Logo se apaixonou pelo estado. No ano seguinte, resolveu voltar ao Brasil e, sentindo falta dos queijos franceses, resolveu investir em uma queijaria. Ela conta que o leite para a produção vem de três produtores de Paulo Lopes e a fabricação de queijos é feita todo dia. "Nunca pode parar", diz Elizabeth, com forte sotaque. "Leva umas quatro a cinco horas para fazer cada queijo. E depois tem ainda que passar pelo processo de cura, que pode levar semanas ou meses", explica. A queijeira faz questão de esclarecer que os queijos que produz são catarinenses tipo francês, pois as condições climáticas e o leite no Brasil são diferentes. "Gostaria de usar um nome brasileiro para meus queijos, mas a legislação não permite", conta. Entre os vários queijos produzidos, ela destaca os tipos saint marcellin, abbaye de citeaux, saint nectaire, saint paulin, tomme de savoie, comté e munster.

Sala de maturação do Queijo com Sotaque
Paulo Lopes, SC

Elizabeth Schober

252

SANTA CATARINA

PRODUTOS & PRODUTORES

Polvo

O chef Alysson Müller, do Restaurante Rosso, em Florianópolis, se tornou conhecido como "o rei do polvo". O apelido se deve à grande quantidade de molusco que compra para o estabelecimento: em média, 2 toneladas por mês. Em visita às bancas de peixes e frutos do mar no Mercado Público, o chef explica que o polvo possui hábitos noturnos e habita o litoral catarinense por gostar de águas rasas, rochosas, limpas e tranquilas. Um dos alimentos favoritos do molusco é facilmente encontrado na região: a ostra. "Tem sempre muito polvo perto de viveiros de ostras. É ali que muitos pescadores colocam potes de captura", conta o chef. Na hora da compra, ele recomenda escolher aqueles com cheiro de mar e tonalidade acinzentada.

Inaugurado em 2010, o Rosso está localizado na praia de Santo Antônio de Lisboa. É na cozinha do restaurante que Alysson explica como cozinhar o polvo de modo a deixá-lo bem macio. "Para quebrar as fibras dos tentáculos, recomendo congelar e depois descongelar. O processo de cozimento deve ser feito em uma panela bem grande, com água em abundância, bem quente, mas não fervendo, por uma ou duas horas. Para saber se está bem macio, basta enfiar uma faca em um tentáculo mais grosso", explica Alysson. Sobre os pratos com polvo que mais são pedidos no restaurante, ele destaca: "o polvo à rosso, servido com purê de baroa e molho tarê; o polvo dos açores, grelhado e servido com batatas ao murro e alho confitado; e o polvo crocante, empanado em farinha panko e servido com vinagrete de tomate, cebola e pimentão".

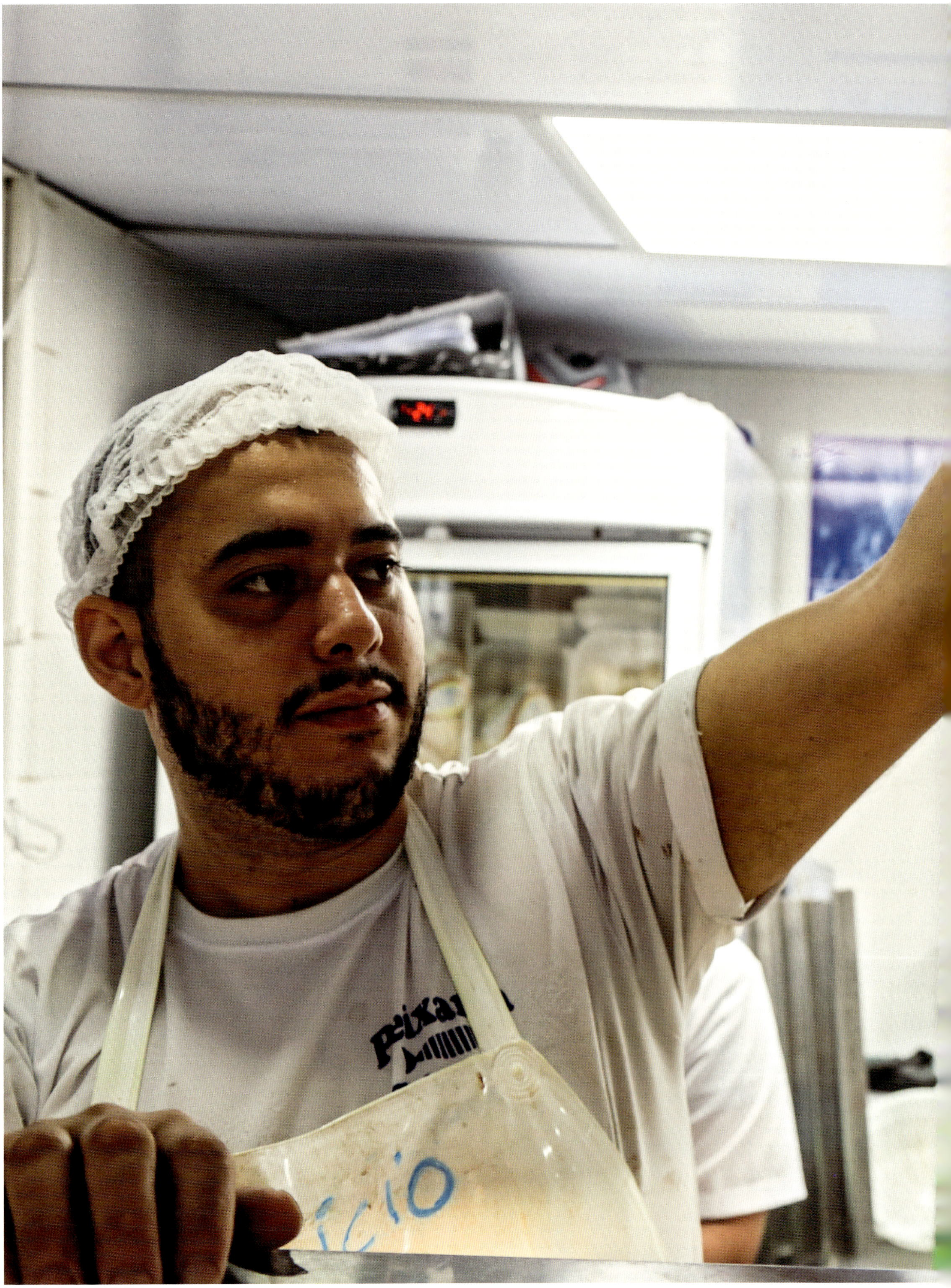

Feirante no Mercado Público de Florianópolis

Alysson Muller é chef-proprietário do Restaurante Rosso, especializado em polvo, peixes e frutos do mar, localizado na praia de Santo Antônio de Lisboa, em Florianópolis.

POLVO GRELHADO COM PURÊ DE BAROA

Rendimento: 4 pessoas

ingredientes

POLVO
1 kg de tentáculos de polvo cozido
1 fio de azeite para grelhar
Sal a gosto
Pimenta-do-reino a gosto

PURÊ DE BATATA-BAROA
600 gramas de batata-baroa
100 g de creme de leite fresco
100 g de manteiga
Sal a gosto
Pimenta-do-reino a gosto

MOLHO *TARÊ*
600 g de açúcar mascavo
600 ml de shoyu
600 ml de saquê
30 ml de gengibre

MODO DE PREPARO

• **Polvo** • Grelhe o polvo (já cozido) em uma frigideira antiaderente, com um fio de azeite, até que fique crocante. Reserve-o. • **Purê de batata-baroa** • Cozinhe a batata com a casca até que fique macia. Retire a casca, faça um purê e leve ao fogo, incorporando o creme de leite e a manteiga. Mexa até ficar homogêneo, tempere com sal e pimenta-do-reino e reserve-a. • **Molho tarê** • Misture todos os ingredientes em uma panela funda e cozinhe-os lentamente até que fiquem na textura de melado. • **Montagem** • Disponha o purê em um prato, coloque os tentáculos do polvo por cima e adicione uma colherada do molho tarê em fio, para decorar.

257

258

SANTA
CATARINA

PRODUTOS & PRODUTORES

Ostras

O cultivo de ostras é hoje uma das principais atividades econômicas de Florianópolis. O início da ostreicultura em Santa Catarina ocorreu em meados de 1970, como alternativa à pesca artesanal. A pesquisa e o desenvolvimento de sementes da chamada ostra-do-pacífico, ou ostra japonesa, deram-se por meio da Universidade Federal de Santa Catarina (UFSC). Apesar de originárias de lugares bem frios, as ostras se adaptaram muito bem às águas do litoral catarinense, região responsável por 95% da produção nacional.

Em Ribeirão da Ilha, está um dos principais restaurantes especializados em ostras no Brasil, o Ostradamus. Jaime Barcelos, chef-proprietário da casa, explica que tudo começa na fazenda marinha dele. "Compramos as chamadas 'sementes' – as ostras bem jovens – da Universidade Federal de Santa Catariana (UFSC). Elas chegam com 1 a 2 mm de comprimento e são colocadas em caixas no mar, onde ficarão por até dois meses", explica Jaime. O processo segue com a transferência das ostras para as "lanternas intermediárias" e, por fim, para as "lanternas definitivas", quando são, então, selecionadas e enviadas para comercialização. Todo o processo leva de seis a oito meses. No restaurante, Jaime dá início ao que chama de "depuração de ostras", um processo de filtragem e purificação do molusco. "As ostras ficam por 12 horas imersas em água do mar filtrada, tratada com luz ultravioleta e oxidada com baixa concentração de cloro, para eliminar todos os riscos de contaminação", explica Jaime. Por fim, o chef do Ostradamus revela alguns dos pratos-ícones da casa, como as ostras com maçã verde e queijo brie; flambadas com conhaque com mel e gengibre; e, é claro, *in natura* com sal e gotas de limão.

Fazenda de ostras em Ribeirão da Ilha - Florianópolis, SC

261

Coleta de ostras

Limpeza de ostras

Jaime Barcelos é chef-proprietário do Restaurante Ostradamus, especializado em ostras, peixes e frutos do mar, localizado na praia de Ribeirão da Ilha, em Florianópolis.

OSTRAS FLAMBADAS NO CONHAQUE COM MEL E GENGIBRE

Rendimento: 4 pessoas

ingredientes

- 12 ostras médias in natura
- 30 g de gengibre picado a 2 mm
- 70 ml de azeite de oliva
- 60 ml de mel
- 100 ml conhaque
- 200 ml de água
- 200 ml de vinho branco seco

MODO DE PREPARO

Coloque 200 ml de água e o vinho branco numa panela com cozimento a vapor. Cozinhe as ostras no vapor por 8 minutos. Abra as conchas e retire as ostras. Em uma frigideira, refogue o gengibre em azeite. Adicione as ostras. Flambe com o conhaque. Junte o mel e misture. Retire as ostras e coloque-as em um prato. Reduza o molho e, por fim, regue-o sobre as ostras.

265

SANTA CATARINA

Serviço

SÍTIO ARROIO DA SERRA (ACOLHIDA NA COLÔNIA)
(49) 3278-4244
Estrada Geral de São Francisco, s/n, Zona Rural
Urubici - SC
www.sitioarroiodaserra.com

RESTAURANTE SIEDLERTAL
(47) 3387-2455 - Rua Hermann Weege, 500, Centro
Pomerode - SC
www.siedlertal.com.br

CUCA
CASA DA GASTRONOMIA
Hanna Lora Dahlke
(47) 99158-7199 - Pomerode - SC

BOX 32
(48) 3037-2661
Mercado Público Municipal
Rua Jerônimo Coelho, 60, Centro
Florianópolis - SC
www.box32.com.br

BOTTARGA GOLD
(47) 3349-8696 - Rua Marciano Marquetti, 136, Fazenda
Itajaí - SC
www.bottargagold.com

CERVEJARIA EISENBAHN
(47) 3488-7307 - Rua Bahia, 5181, Salto Weissbach
Blumenau - SC
www.eisenbahn.com.br

KOCKÄSE
SÍTIO VIDA NOVA - ACOLHIDA NA COLÔNIA
(47) 99961-7788
Estrada Barrinha, Km10, s/n, Barrinha
Presidente Nereu - SC
www.acolhida.com.br/propriedades/santa-catarina/regional-de-ibirama/presidente-nereu/sitio-vida-nova/

LINGUIÇA BLUMENAU
OLHO EMBUTIDOS E DEFUMADOS
(47) 3395-0900
Rua Ribeirão Areia, 1822 – Ribeirão
Pomerode - SC
www.embutidosolho.com.br

BISTRÔ PALATARE
(47) 3366-3699
Rua Dois Mil Quinhentos e Cinquenta, 699, Centro
Balneário Camboriú - SC
www.palatare.com.br

SANJO COOPERATIVA AGRÍCOLA DE SÃO JOAQUIM
(49) 3233-7300
Avenida Irineu Bornhausem, 677
São Joaquim - SC
www.sanjo.com.br

VILLA FRANCIONI
(49) 3233-8200 / (49) 98801-8382
Rodovia SC 114, km 300, Zona Rural
São Joaquim - SC
www.villafrancioni.com.br

QUEIJO COM SOTAQUE
(48) 99905-3048
BR 101, km 256, saída para Morro Agudo
Paulo Lopes - SC

RESTAURANTE ROSSO
(48) 3206-7665
Rodovia Gilson da Costa Xavier, 201, Santo Antonio de Lisboa
Florianópolis - SC
www.rossorestro.com.br

OSTRADAMUS BAR E RESTAURANTE
(48) 3337-5711
Rodovia Baldicero Filomeno, 7640, Ribeirão da Ilha
Florianópolis - SC
www.ostradamus.com.br

Jaime Barcelos do Restaurante Ostradamus - Florianópolis, SC

AGRADECIMENTO

Pelo fato de termos viajado tanto e mobilizado tantas pessoas, é impossível agradecer a todos os colaboradores da *Expedição Fartura Gastronomia*. Ao longo de três meses, entrevistamos dezenas de pessoas em inúmeras cidades. Para dizer o nosso muito obrigado a produtores, cozinheiros, historiadores, feirantes e outros, teríamos que escrever outro livro. Porém, não poderíamos deixar de retribuir toda a atenção, o carinho e o apoio que tivemos de todas as pessoas que nos ajudaram nessa viagem gastronômica pelo Brasil. Por essa razão, resolvemos fazer o agradecimento na pessoa do Jaime Barcelos, chef-proprietário do Restaurante Ostradamus, em Florianópolis. A hospitalidade, o respeito pelo ingrediente, o conhecimento e o carisma dele nos encantou. Jaime é um símbolo da força do que é ser BRASILEIRO.

Equipe da *Expedição Fartura Gastronomia*

Bode no Cariri Paraibano
Cabaceiras, PB

Bradesco E **cielo**

APRESENTAM:

Expedição Fartura Gastronomia

PATROCÍNIO:

Brahma Extra

COPATROCÍNIO:

NET Claro

APOIO:

alelo

PARCEIRO CULTURAL: APOIO EDUCACIONAL:

Sesc 70 anos   senac 70 anos

REALIZAÇÃO:

PROJETO
FARTURA
GASTRONOMIA